It's not the sea to drink

It's not the sea to drink

L'anglais par le vocabulaire de la mer et de la navigation

par

Michel Marcheteau

Agrégé de l'Université

© 2014, Éditions Pocket, département d'Univers Poche.
ISBN : 978-2-266-25220-1

Sommaire

Introduction

La mer a toujours fasciné l'humanité.

La pêche et les transports maritimes, pour les marchandises et les personnes, restent aujourd'hui des secteurs essentiels. Sans parler du regain d'intérêt pour les croisières, régates ou courses à la voile et toutes les activités de loisirs liées à la mer, qui couvre, il est vrai, les deux tiers de notre planète.

La France et l'Angleterre, ces deux grandes nations maritimes, même si on l'a un peu oublié pour la première, ont longtemps rivalisé au cours de leur histoire pour la maîtrise des océans.

Rien d'étonnant alors qu'un vocabulaire d'origine marine soit venu enrichir la langue anglaise comme la française, avec des expressions aussi bien courantes ou argotiques que littéraires.

Certaines de ces expressions peuvent être parallèles : **to make waves** : *faire des vagues*; *avoir le pied marin* : **to have sea-legs**; ou spécifique à l'une des deux langues sans contrepartie maritime dans l'autre : *échouer dans sa tentative* : **to fail in one's attempt**; **to be between the devil and the "deep blue sea"** : *avoir le choix entre la peste et le choléra*.

Celles que nous avons recensées dans cet ouvrage vous permettront d'enrichir votre anglais, et de le rendre plus idiomatique, car ces expressions sont souvent de la langue de tous les jours.

Sans prétendre à l'exhaustivité, la liste présentée ici – environ 2 000 expressions – devrait vous permettre de naviguer plus efficacement dans les eaux de l'anglais.

Michel Marcheteau

Prononciation

Sons voyelles

[ɪ] **pit**, un peu comme le *i* de *site*

[æ] **flat**, un peu comme le *a* de *patte*

[ɒ] ou [ɔ] **not**, un peu comme le *o* de *botte*

[ʊ] ou [u] **put**, un peu comme le *ou* de *coup*

[e] **lend**, un peu comme le *è* de *très*

[ʌ] **but**, entre le *a* de *patte* et le *eu* de *neuf*

[ə] jamais accentué, un peu comme le *e* de *le*

Voyelles longues

[iː] **meet** [miːt], cf. *i* de *mie*

[ɑː] **farm** [fɑːʳm], cf. *a* de *larme*

[ɔː] **board** [bɔːʳd], cf. *o* de *gorge*

[uː] **cool** [kuːl], cf. *ou* de *mou*

[ɜː] ou [əː] **firm** [fəːʳm], cf. *eu* de *peur*

Semi-voyelle

[j] **due** [djuː], un peu comme *diou...*

Diphtongues (voyelles doubles)

[aɪ] **my** [maɪ], cf. *aïe !*

[ɔɪ] **boy** [bɔɪ], cf. *oyez !*

[eɪ] **blame** [bleɪm], cf. *eille* dans *bouteille*

[aʊ] **now** [naʊ], cf. *aou* dans *caoutchouc*

[əʊ] ou [əu] **no** [nəʊ], cf. *e + ou*

[ɪə] **here** [hɪəʳ], cf. *i + e*

[ɛə] **dare** [dɛəʳ], cf. *é + e*

[ʊə] ou [uə] **tour** [tʊəʳ], cf. *ou + e*

Consonnes

[θ] **thin** [θɪn], cf. *s* sifflé (langue entre les dents)

[ð] **that** [ðæt], cf. *z* zézayé (langue entre les dents)

[ʃ] **she** [ʃiː], cf. *ch* de *chute*

[ŋ] **bring** [brɪŋ], cf. *ng* dans *ping-pong*

[ʒ] **measure** ['meʒəʳ], cf. le *j* de *jeu*

[h] le *h* se prononce ; il est nettement expiré

Accentuation

' – accent unique ou principal, comme dans MOTHER ['mʌðəʳ]

ˌ – accent secondaire, comme dans PHOTOGRAPHIC [ˌfəutɔ'græfɪk]

ʳ indique que le **r**, normalement muet, est prononcé en liaison ou en américain

ANGLAIS-FRANÇAIS

A

abandon ship (to) : *abandonner, quitter le navire.*

abate (to) : (tempête) *se calmer, s'apaiser, baisser d'intensité*; (vent) *mollir, faiblir*; (émotion, etc.) *se calmer, s'apaiser.*

able seaman : *matelot breveté.*

aboard : *à bord.*
> **aboard a train/bus** : *à bord d'un train/bus, etc., dans un train/bus, etc.*
> **all aboard!** : *tout le monde à bord!/en voiture!*
> **to come aboard** : *arriver à bord.*
> **to go aboard** : *monter à bord, s'embarquer.*
> **to take aboard** : *faire monter à bord, prendre à bord, embarquer.*
> **welcome aboard** : *bienvenue à bord* (s'emploiera aussi au sens de bienvenue dans une société; un groupe, etc.).

abysmal : *abyssal*; *catastrophique, épouvantable, exécrable.*

abysmally : *atrocement*; *lamentablement*
> **abysmally ignorant** ; d'une ignorance crasse.

abyss : *abysse*; *abîme, gouffre.*

aft : *arrière*; *en poupe.*

aground : *échoué(e).*
> **to run aground** : *s'échouer.*

ahoy : *ohé.*
> **ship ahoy!** : *ohé du bateau!*

aircraft carrier : *porte-avions.*

airship : *dirigeable.*

alongside : *le long de; le long du bord.*

    to come alongside : *accoster.*
    to make fast alongside : *s'amarrer (au quai ou à un autre navire).*
    free alongside ship : *franco le long du navire/du bord.*

anchor : *ancre; point d'ancrage.*

anchor (to) : *ancrer; enraciner; fixer; s'ancrer; s'enraciner; se fixer.*

    anchors away! : 1. *levez l'ancre!*; 2. *tirons-nous/mettons les voiles!*
    to be/ride at anchor : *être à l'ancre/au mouillage.*
    to cast/drop anchor : *jeter l'ancre, (se) mettre à l'ancre; (fig.) s'ancrer.*
    to let go the anchor : *mouiller l'ancre.*
    to weigh anchor : *lever l'ancre.*

anchorage : *ancrage, mouillage.*

    anchorage dues : *droits de mouillage/d'ancrage.*

anchorman, anchorwoman : *présentateur/-trice* (T.V.).

aquaculture/aquafarming : *aquaculture.*

aquamarine (adj.) : *bleu-vert.*

aquamarine (n.) : *aigue-marine.*

Aquarius : *Verseau.* (= *The water bearer*, le porteur d'eau, onzième signe du zodiaque).

aquatic : *aquatique*; *nautique*.

Argonaut : *Argonaute* (héros parti à la conquête de la Toison d'or).

argosy : *galion*.

armada : *armada, flotte nombreuse.*

 The Spanish Armada, the Invincible Armada, *l'Invincible Armada* (flotte envoyée par Philippe II d'Espagne contre l'Angleterre en 1588 pour détrôner Elizabeth Ire et rétablir le catholicisme. Détruite par la tempête).

ashore : *sur le rivage/la rive, à terre.*

 to go ashore : *descendre à terre, débarquer.*
 to put/set ashore : *débarquer* (quelqu'un, quelque chose).
 to run ashore : *s'échouer.*

astern : *à l'arrière.*

 to go/come astern : *faire machine arrière.*

average : *avarie.*

 general average : (ass. maritime) *avarie commune/grosse* (pertes supportées conjointement par les propriétaires du navire et de la cargaison).
 particular average : (ass. maritime) *avarie particulière/simple* (pertes supportées uniquement par les propriétaires des biens endommagés); *average adjuster* : *répartiteur d'avarie; responsable du règlement des sinistres/de l'évaluation des dommages* (assurance auto, etc.).
 free of average : *franc d'avarie.*

awning : *tente de pont*; *store, banne, auvent, marquise, velum.*

B

backlog (voir **log**) : *arriérés*.

    backlog of rent : *arriérés de loyer*.
    backlog of orders : *commandes non exécutées, en instance*.

backwash : *remous*; (fig.) *contrecoup*.

backwater : *eau stagnante*; *bras mort*; (fig.) *petit coin tranquille*; *trou perdu*.

bank : *banc*.

    sand bank : *banc de sable*.
    mud bank : *banc de boue*.

barge : *chaland, péniche, barge*.

    motor barge : *chaland/péniche automoteur/automotrice*.
    barge pole : *gaffe*.
    I wouldn't touch it with a barge pole : *je n'y toucherais pas avec des pincettes*.

barge into (to) : *intervenir brutalement, maladroitement, sans nuances, grossièrement*.

bay : *baie, anse*.

beach : *plage, rivage*.

    beach hut : *cabine de plage/de bain*.
    beach umbrella : *parasol*.

beach (to) : *échouer, s'échouer*.

beachcomber : 1. *ramasseur d'épaves*; 2. *bon à rien*; 3. *vague déferlante*.

beachhead : *tête de pont.*

beachwear : *vêtements de plage, tenue de plage.*

beacon : *phare; fanal; balise;* (fig.) *guide, phare, personne qui montre la voie.*

berth : 1. *emplacement de mouillage, poste d'amarrage;* 2. *couchette.*
    soft berth : *bonne planque, boulot pénard.*
    to give a ship a wide berth : *passer au large d'un navire.*
    to give someone a wide berth : *éviter quelqu'un.*

berth (to) : *mouiller; venir à quai, accoster; amarrer, faire amarrer, affecter un poste de mouillage.*

bilge : *eau de cale;* (fig.) *foutaises, stupidités, arguments sans fondement.*

blockade : *blocus;* (fig.) *barrage, obstruction.*
    blockade runner : *briseur de blocus, navire/marin qui force un blocus.*

blow off course (to) : *faire dévier de sa route.*

board : *bord.*
    on board (ship) : *à bord* (d'un navire).
    on board a train/bus : *à bord d'un train/bus.*
    to come/go on board : *monter à bord.*
    to go by the board : *passer par-dessus bord;* (fig.) *échouer, (projet) être abandonné.*
    to take on board : *prendre à bord, embarquer; charger.*
    welcome on board : *bienvenue à bord; bienvenue dans notre groupe/équipe.*

board (to) : 1. *monter à bord* ; 2. *prendre à l'abordage* ; *arraisonner.*

    to board a train/bus, etc. : *monter dans un train/bus, etc.*

boarding : *embarquement.*

    boarding card/pass : *carte d'embarquement.*

boat : *bateau, navire* ; *canot.*

    boat building : *construction navale.*
    boat race : *épreuve d'aviron.*
    boat train : *train assurant la correspondance avec un bateau/ ferry.*
    pedal boat : *pédalo.*
    pleasure boat : *bateau de plaisance.*
    rowing boat : *bateau à rames.*
    sailing boat : *voilier.*
    the tide lifts all boats : *la marée (montante) soulève tous les bateaux (la croissance économique est favorable à tous).*
    to burn one's boats : *brûler ses vaisseaux.*
    to miss the boat : *manquer/louper le coche.*
    to rock the boat : *faire l'empêcheur de tourner en rond, faire des vagues/des histoires.*
    we are all in the same boat : *nous sommes tous dans le même bateau/logés à la même enseigne.*

boat (to) : *faire du bateau.*

boater : *canotier* (chapeau) ; *canoteur.*

boating : *canotage.*

    boating trip : *excursion en bateau.*

boatload : *cargaison* ; (fig.) *grande quantité.*

breaker : (vague) *brisant, déferlante.*

breakwater : *brise-lames, digue, môle.*

brine : *eau salée, eau de mer*; (poét.) *la mer.*

briny : *d'eau de mer, d'eau salée*; *salé.*

buoy : *bouée.*

buoyancy : *flottabilité*; (humeur) *gaieté, entrain*; (Bourse, marchés) *fermeté.*
  buoyancy aid : *gilet de sauvetage.*

buoyant : *flottant, apte à flotter*; (humeur) *enjoué, plein d'entrain/d'allant, optimiste*; (cours) *ferme, soutenu,* (marché) *actif.*
  buoyant air : *air vivifiant.*
  buoyant step : *démarche alerte.*

buoy up (to) : *maintenir à flot, soutenir*; (cours) *soutenir, faire monter.*

C

cabotage : *cabotage* (droit pour une compagnie aérienne étrangère de transporter des voyageurs et du fret d'une escale à l'autre à l'intérieur d'un même pays).

call : *escale.*
  port of call : *port d'escale.*

call (to) : *faire escale.*
  to call at/in a port : *faire escale dans un port.*

canal : *canal.*

    The Panama Canal : *le canal de Panama.*

cape (to round a) : *doubler un cap.*

capsize (to) : *chavirer*; (fig.) *échouer.*

captain : *capitaine*; *capitaine de vaisseau*; (avion) *capitaine de bord.*

    capitain of the watch : *chef de quart.*

capitaincy/capitainship : *grade de capitaine.*

castaway : 1. *naufragé*; 2. (fig.) *paria, personne rejetée par la société.*

channel : *chenal, bras de mer, canal*; (TV) *chaîne*; (rivière) *lit.*

    channel of communication : *voie de communication.*
    diplomatic channels : *canaux diplomatiques.*
    official channels : *voie/filière officielle, canaux administratifs.*
    the English Channel : *la Manche.*
    to find a new channel : *trouver une nouvelle direction/ orientation/un nouveau canal.*

channel (to) : *canaliser, orienter, diriger* (vers).

    to channel into : *orienter vers.*

coast : *côte, littoral.*

    the coast is clear : *la voie est libre.*

coast (to) : *caboter*; *suivre, longer la côte*; (oiseau) *planer.*

    to coast along : 1. *(vélo) avancer en roue libre*; 2. *avancer sans difficulté*; (fam.) *se la couler douce.*

coastal : *côtier, -ière.*

coastguard : *garde-côte.*

coasting : *navigation côtière*; *cabotage*; (vélo) *roue libre*; (oiseau) *fait de planer*; (personne) *fait de progresser tranquillement.*

coastline : *littoral, côte.*

compass : 1. *boussole*; 2. *étendue, portée, rayon.*
    points of the compass : *points du compas*; *points cardinaux.*
    within the compass of : *dans les limites de*; *dans les attributions/compétences de.*

compass (to) : *faire le tour de*; *entourer.*

course : *route.*
    in due course : *en temps voulu*; *à la longue*; *selon les procédures normales.*
    on course : *sur la bonne trajectoire*; *en bonne voie.*
    to change course : *changer de cap.*
    to go off course : *dévier de son cap*, (fig.) *faire fausse route.*
    to hold/keep one's course, garder le cap.
    to set course for : *mettre le cap sur.*

crest of the wave : *crête de la vague.*
    to be on/to ride the crest of the wave : *être porté par le succès*; *connaître un maximum de popularité.*

crew : *équipage*; *équipe.*
    Captain X and his crew welcome you aboard : (avion) *le capitaine X et son équipage vous souhaitent bienvenue à bord.*

crew cut : (cheveux) (en) *brosse*.
crew-neck : (pull) *ras-du-cou*.

crow's nest : *nid-de-pie, hune*.

cruise : *croisière*.

    cruise missile : *missile de croisière*.
    to go on a cruise : *faire une/partir en croisière*.

cruise (to) : 1. *croiser*; 2. (avion, car) *aller à une vitesse*
(tranquille) *de* ... 3. (taxi) *être en maraude, marauder*.

    to cruise to victory : *l'emporter sans effort/facilement*.

D

deck : *pont*.

    all hands on deck! : *tout le monde sur le pont!*
    deck cabine : *cabine de pont*.
    deck chair : *transat, chaise longue*.
    deck hand : *matelot*.
    double-decker : *autobus à impériale/à deux étages*.
    flight deck : 1. *(avion) cabine de pilotage*; 2. *(porte-avions)*
    pont d'envol.
    to clear the decks : *se mettre en branle-bas de combat; tout*
    nettoyer/déblayer.

decommission (to) : *désarmer* (un navire).

deep (the) : (poét.) *l'océan, la mer; les grands fonds*.

depth : *profondeur*.

    depth charge : *grenade sous-marine*.
    in the depth of : *au cœur de, au plus profond de*.
    to be out of one's depth : *être hors de son élément, être*
    dépassé.

dive (to) : *plonger, faire un plongeon*; (avion) *piquer*; *foncer tête baissée.*

dive : *plongeon, plongée.*

  to go into a dive : (Bourse) *dégringoler.*

diver : *plongeur.*

deep-sea diver : *scaphandrier.*

skin-diver, scuba-diver : *plongeur sous-marin.*

diving : *plongée.*

  diving board : *plongeoir.*
  diving suit : *scaphandre.*
  scuba diving : *plongée sous-marine.*
  skin diving : *plongée sous-marine.*

dock : *bassin, dock.*

  dock dues : *droits de bassin.*
  dock-labourer/U.S. laborer/dock-worker : *docker, débardeur.*
  dock-strike : *grève des dockers.*
  dock-yard : *chantier de construction maritime.*
  dry dock : *bassin de radoub.*
  graving dock : *bassin de radoub .*
  my car is in dock : *ma voiture est en réparation.*

docker : *docker, débardeur.*

dock (to) : *arriver/être/se mettre à quai*; (navette spatiale) *s'arrimer.*

docking : *arrimage, amarrage.*

dockyard : *chantier naval.*

doldrums : *zone de calme plat, zone des calmes, calmes équatoriaux.*

  to be in the doldrums : (économie) *être dans le marasme*; (personne) *avoir le cafard, broyer du noir.*

drift : *dérive; déviation; mouvement/force du courant.*

  continental drift : *dérive des continents.*
  drift-wood : *bois flottant.*
  I can't see your drift : *je ne vois pas où tu veux/vous voulez en venir.*

drift (to) : *dériver; aller à la dérive.*

  to drift from job to job : *aller d'un emploi à un autre.*
  to drift into crime : *sombrer dans la délinquance.*

drifter : 1. *chalutier;* 2. *personne peu stable; qui ne se fixe nulle part.*

drown (to) : *noyer; se noyer.*

  to be drowned with : *être submergé/inondé de.*

drowning : *noyade, fait de submerger* (bruit, etc.).

Dutchman (the Flying) : *le vaisseau fantôme, le Hollandais volant.*

E

ebb : *reflux;* (fig.) *déclin, décadence.*

ebb and flow : *flux et reflux* (mot à mot *reflux et flux*).

  to be at a low ebb : (pers.) *être bien bas;* (entreprise) *aller mal;* (moral) *avoir le moral au plus bas.*

ebb (to) : *refluer, se retirer* ; (fig.) *décliner, baisser.*

    to ebb and flow : *monter et baisser* (mot à mot *baisser et monter*).

ebb tide : *marée descendante, reflux* ; *jusant.*

eddy : *remous, tourbillon* ; *tournoiement.*

eddy (to) : *faire des remous/tourbillons, tourbillonner* ; *tournoyer.*

embankment : *quai* ; *berge* ; *talus, remblai* ; *levée, digue.*

embargo : *embargo* ; *interdiction, restriction.*

    to impose/enforce an embargo : *imposer/appliquer un embargo.*
    to lift an embargo : *lever un embargo.*

embargo (to) : *imposer un embargo* ; *interdire, défendre.*

embark (to) : *embarquer, prendre à bord* ; *charger.*

    to embark on a journey : *commencer un voyage* ; *entreprendre un voyage.*
    to embark on a dubious affair : *se lancer/s'embarquer dans une affaire douteuse.*

embarcation, embarkation : *embarquement* ; *chargement.*

    embarkation card : *carte d'embarquement.*

emerge (to) : *émerger* ; (fig.) *apparaître, se révéler.*

    it emerged as : *cela se révéla être...*
    the first difficulties emerged : *les premières difficultés surgirent.*

emergence : *émergence, naissance, apparition.*

emerging : *émergent.*

    emerging countries/nations : *pays émergents.*

ex-dock : *marchandises à quai.*

ex-quai ('eks'ki :) : *marchandises à quai.*

ex-ship : *marchandises à disposition à bord du navire.*

F

fish : *poisson.*

    big fish : *gros poisson.*
    cold fish : *personne froide, sans chaleur.*
    fish and chips : *poissons frit et frites.*
    fish farming : *pisciculture.*
    fish fingers : *bâtonnets de poisson.*
    fish hook : *hameçon.*
    fish tank : *aquarium.*
    goldfish : *poisson rouge.*
    it's a different kettle of fish : *c'est une tout autre affaire.*
    it's neither fish nor fowl : *ce n'est ni chair ni poisson.*
    queer fish : *drôle de numéro/lascar.*
    there are plenty more fish in the sea : *un(e) de perdu(e), dix de retrouvé(e)s.*
    to be like a fish out of water : *être comme un poisson hors de l'eau, ne pas être dans son élément.*
    to drink like a fish : *boire comme un trou.*
    to have other fist to fry : *avoir d'autres chats à fouetter.*

fish (to) : *pêcher*; (fig.) ***rechercher, quêter; extirper, repêcher.***

  fish or cut bait! : (fam.) *décide-toi/décidez-vous!*
  to fish for compliments : *rechercher/quêter les compliments.*
  to fish for information : *aller à la pêche aux renseignements.*
  to fish in troubled waters : *pêcher en eau trouble.*

fisherman : *pêcheur.*

  fisherman's tale : *histoire marseillaise.*

fishery : *pêcherie.*

fishing : *pêche.*

  fishing boat/smack : *bateau/barque de pêche.*
  fishing fleet : *flottille de pêche.*
  fishing grounds : *lieux/zones de pêche.*
  fishing harbour/(us) **harbor** : *port de pêche.*
  fishing permit : *permis de pêche.*
  fishing tackle : *attirail/matériel/équipement de pêche.*
  fishing-rod : *canne à pêche.*
  offshore fishing : *pêche côtière.*
  to go fishing : *partir/aller à la pêche.*

fishmonger : *poissonnier, marchand de poissons.*

fishnet : *filet de pêche, épuisette.*

fishy : 1. *qui sent le poisson*; 2. *louche, douteux.*

flag : *drapeau; pavillon.*

  black flag : *pavillon noir.*
  flag of convenience : *pavillon de complaisance.*
  flag of truce/white flag : *drapeau blanc.*
  flag-waving : *declaration(s) cocardière(s), chauvines.*
  to fly a flag : *arborer un pavillon.*
  to go down with flags flying : *sombrer pavillon haut.*

to keep the flag flying : *maintenir les traditions.*
to strike the flag : *amener le/son pavillon.*

flag down (to) : *faire signe de s'arrêter*; (taxi) *héler.*

flagship : 1. *vaisseau amiral*; 2. *produit, programme, etc., phare.*

fleet : *flotte*; (voiture, etc.) *parc.*

float : *flotteur, bouchon,* (carnaval, etc.) *char.*

float (to) : *flotter, faire flotter, mettre à l'eau, à flot*; (idée) *lancer.*

floating dock : *dock flottant.*
floating policy : (ass.) *police flottante.*
floating vote : *vote flottant.*
to float a currency : *faire flotter une monnaie.*
to float a loan : *lancer /émettre un emprunt.*

flood [flʌd] : *inondation, crue.*

a flood of protests : *un déluge de protestations.*
a flood of tears : *un torrent de larmes.*
flood tide : *marée haute.*
the Flood : *le Déluge.*

flood (to) : *inonder, submerger, être en crue, déborder,* (fig.) *envahir.*

to flood the market : *inonder le marché.*
to flood with light : *inonder de lumière.*

floodgate : *porte d'écluse.*

to open the floodgates : *ouvrir la porte à, mener à des débordements.*

flotsam : *épave flottante.*

  flotsam and jetsam : **1.** *débris flottants*; **2.** *(de la société) laissés pour compte, épaves.*

flow : *flux, écoulement, flot, épanchement.*

  a flow of words : *un flot de paroles.*
  ebb and flow : *flux et reflux* (mot à mot, *reflux et flux*).
  the flow of conversation : *le déroulement/cours/fil de la conversation.*
  the flow of imports : *le flux des importations.*
  the flow of information : *le flux d'informations/de renseignements.*
  to be in full flow : *être sur sa lancée.*
  to go with the flow : *suivre le mouvement.*

flow (to) : *couler, s'écouler, ruisseler; affluer; envahir; circuler.*

  to flow from : *découler/résulter de.*

fly a flag (to) : *arborer un pavillon/un drapeau.*

foam : *écume; mousse.*

foam (to) : *écumer; moutonner;* (savon) *mousser.*

  to foam at the mouth : *écumer* (de rage), *baver; avoir l'écume aux lèvres.*

fog : *brouillard;* (fig.) *confusion; perplexité, obscurité.*

  sea-fog : *brume de mer.*
  fog-horn : *trompe de brume; sirène.*
  to be in a fog : *être dans le brouillard.*

fog (to) : *embrumer, embuer;* (pers.) *embrouiller.*

  to fog the issue : *obscurcir la question; brouiller les cartes.*

foggy : *enveloppé/noyé de brouillard, brumeux*;
(fig.) *obscur; embrouillé, confus.*

> **Foggy Bottom** : *surnom du ministère US des Affaires étrangères* (en raison de la confusion supposée y régner).
> **not to have the foggiest idea/notion** : *ne pas en avoir la moindre idée.*

founder (to) : *sombrer*; (fig.) *s'effondrer, s'écouler, partir en fumée.*

freight : *fret, cargaison, chargement, transport.*

> **air-freight** : *fret aérien.*
> **freight paid** : *(en) port payé.*
> **freight agent** : *transitaire.*
> **freight car** : (US) *wagon de marchandises.*
> **freight charges** : *frais de transport.*
> **freight forward** : *(en) port dû.*
> **freight forwarder** : *transporteur.*
> **freight plane** : *avion de transport.*
> **freight train** : *train de marchandises.*

freight (to) : *affréter.*

freighter : 1. *cargo*; 2. *affréteur.*

frigate : *frégate.*

> **frigate bird** : *frégate* (oiseau).

G

gale : *coup de vent, grand vent* ; *bourrasque* ; *tempête.*
   force 8 gale : *vent de force 8.*
   gale warning : *avis de coup de vent/de tempête/de gros temps.*
   gales of laughter : *tempête de rires, grands éclats de rire.*

galleon : *galion.*

galley : 1. *galère* ; 2. *cuisine* (sur un bateau).
   galley slave : *galérien.*

ground (to) : *échouer* ; *s'échouer.*
   the tanker had grounded on a reef : *le pétrolier s'était échoué sur un récif.*

gulf : *golfe* ; *gouffre* ; *abîme.*

gunboat : *canonnière.*
   gun-boat diplomacy : *politique de la canonnière.*

gunnel : *plat-bord.*

gunship : *vedette armée, vedette munie de canons* ; *hélicoptère de combat.*

gunwale : *plat-bord.*

H

hand : *membre de l'équipage.*
   all hands on deck : *tout le monde sur le pont.*
   lost with all hands : *perdu/disparu corps et biens.*

harbour/(US) **harbor** : *port*; *rade* (fig.) *refuge*; *asile*; *gîte*.

   harbour due/fees : *droits de port/de mouillage*.
   harbour master : *capitaine/commandant de/du port*.
   harbour station : *gare maritime*.

harbour/(US) **harbor (to)** : *héberger*; *abriter*; *donner asile à*; (idée, sentiment) *entretenir*; *nourrir*.

   to harbour a grudge : *garder rancune/nourrir un ressentiment*.
   to harbour a thought/a feeling : *entretenir une idée/un sentiment*.
   to harbour regrets : *avoir/nourrir des regrets*.

hatch : *écoutille*; *panneau d'écoutille*; (voiture = **hatchback**) *hayon*; *guichet*; *passe-plat*.

   Down the hatches! (fam.) *cul sec!*
   to batten down the hatches : *fermer les écoutilles*.
   under hatches : *dans la cale*.

haven : *havre*; *port*; *refuge*; *asile*.

   tax haven : *paradis fiscal*.
   safe haven : *abri sûr, refuge*.

headway : *progrès*; *avancée*.

   to make headway : *progresser, avancer, faire des progrès*.

helm : *barre*; *gouvernail*.

   to be at the helm : *barrer, tenir la barre*; (fig.) *tenir les rênes, diriger*.

I

ice : *glace*; (dans boisson) *glaçon(s)*; (= ice cream) *glace*.

   black ice : *verglas*.
   ice-bound : *bloqué par les glaces*; *entouré de glace*.
   ice-breaker : *brise-glace*.

that cuts no ice with me : *ça ne m'impressionne pas.*
to break the ice : *rompre/briser la glace.*

iceberg : *iceberg.*

the invisible part of the iceberg : *la partie cachée de l'iceberg.*
the tip of the iceberg : *la partie visible de l'iceberg.*

ice-field : *champ de glace, banquise.*

ice-floe : *banc de glaces flottantes; morceau de banquise.*

idle a ship (to) : *désarmer un navire.*

immerse (to) : *immerger, plonger.*

to be immersed in one's thoughts/work : *être absorbé par/ plongé dans ses pensées/son travail.*

immersion : *immersion; absorption.*

immersion course : *stage/cours intensif, immersion.*

inboard : *à bord, à l'intérieur.*

insular : 1. *insulaire*; 2. *borné*; *chauvin.*

insularity : 1. *insularité*; 2. *caractère borné/chauvin, étroitesse d'esprit.*

J

jack tar : *marin*; *matelot.*

jetsam : *marchandises jetées à la mer*; (personnes) *épaves.*

flotsam and jetsam : *épaves/débris flottants.*

jettison (to) : *jeter par-dessus bord*; *larguer* (fig.)
abandonner (une idée, un projet)**, *se défaire*** (d'un actif).

jetty : *jetée, digue, embarcadère, débarcadère,*
appontement.

K

kayak : *kayak.*

keel : *quille*; *carène.*

    to keep on an even keel : *maintenir en équilibre.*
    to get back on an even keel : *retrouver l'équilibre.*

keel over (to) : *chavirer*; (fig.) *tourner de l'œil.*

L

land : *terre.*

    dry land : *terre ferme.*
    over land and sea : *sur terre et sur mer.*
    to make land : *toucher terre.*
    to see how the land lies/find out the lie/(us)**lay of the land** :
    to sight land : *apercevoir la terre.*

land (to) : *décharger, débarquer*; *aborder*; (avion) *poser, se*
poser; *atterrir*; *amerrir.*

    to be landed with : *se retrouver avec, devoir se coltiner.*
    to land a job : *trouver/décrocher un travail.*
    to land a prize : *remporter un prix.*
    to land on one's feet : *retomber sur ses pattes.*

landing : 1. *atterrissage*; *amerrissage*; 2. *débarquement.*

    landing card : *carte de débarquement.*
    landing field : *terrain d'atterrissage/d'aviation.*

landing stage : *débarcadère*; *appontement*.
landing strip : *piste d'atterrissage*.

larboard : *bâbord*.

launch : 1. *vedette*; *chaloupe*; *bateau de plaisance*;
2. *lancement*.

launch (to) : 1. *lancer, mettre à la mer*; 2. *déclencher*.
  to launch a loan : *lancer un emprunt*.
  to launch a product : *lancer un produit*.
  to launch a rocket : *lancer une fusée*.
  to launch an inquiry : *ouvrir une enquête*.

lay days : *jours de planche, estarie* (temps affecté à un
navire de commerce pour effectuer son déchargement).

leave (to) : *partir, quitter, être en partance*; *laisser*.

leeward : *sous le vent*.

leeway : *dérive*; (fig.) *liberté d'action, marge de manœuvre/
de sécurité, latitude*.
  to have some leeway : *disposer d'une certaine liberté*.

levee : *levée* (de protection), *digue, quai*.

lifeboat : *bateau/canot/chaloupe de sauvetage*.
  lifeboat man : *sauveteur en mer*.

lifebuoy : *bouée de sauvetage*.

lifeline : *garde-corps, garde-fou, main courante, corde de
sécurité*; (fig.) *ligne téléphonique permettant de garder
contact avec une personne en danger*.

lighter : *allège, gabare, chaland, péniche.*

lighterage : *frais d'allège.*

lighthouse : *phare*; *feu.*

line : *ligne.*

liner : *paquebot de ligne.*

list : *bande, gîte, inclinaison.*

list (to) : *donner de la bande, gîter.*

load : *chargement.*
  full load : *charge complète, chargement complet.*

load (to) : *charger, embarquer* (des marchandises).
  to be loaded : *être plein aux as*; *être bourré, défoncé.*

lost with all hands : *perdu/disparu corps et biens*

M

maiden voyage : *voyage inaugural d'un navire.*

mail-boat : *paquebot-poste.*

main (the) : (lit) *l'océan, la mer.*

main-deck : *premier pont.*

mainland : *continent.*

mainmast : *grand mât.*

mainsail : *grand-voile.*

mainsheet : *grande écoute.*

mainstream : *courant principal*; (fig.) *courant dominant, traditionnel, conventionnel.*

main-topmast : *grand mât de hune.*

main-yard : *grand-vergue.*

man a ship (to) : *équiper un navire en hommes, fournir/ constituer un équipage*; *fournir un effectif.*

    the ship was manned with…, *le navire avait un équipage de…, l'équipage était composé de…*

marine (adj.) : *marin, maritime, de* (la) *mer, naval.*

marine (n.) : 1. *marine,* 2. *fusilier marin.*

    marine infantry : *infanterie de marine.*
    merchant marine : *marine marchande.*
    tell it to the marines/the horse-marines : *à d'autres!*

mariner : *marin;*
    mariner's card : *rose des vents.*

maritime : *maritime.*
    maritime law : *droit maritime.*

Mark Twain : *Samuel Langhorne Clemens* (1835 – 1910) : auteur américain des *Aventures de Tom Sawyer*, puis de *Huckleberry Finn*, prit ce nom de plume en référence à la formule « **mark twain** » (**twain = two**), *la sonde est à deux* (*brasses*), utilisée par les bateaux à roues du Mississippi pour signifier que la profondeur était suffisante pour le passage du bateau.

mast : *mât.*

   the masts : *les mâts, la mâture.*
   to sail before the mast : *servir comme simple matelot.*

master : *capitaine, commandant, patron.*

   harbour/(US) **harbor master** : *capitaine/commandant de/du port.*
   master mariner : *capitaine au long cours*; *capitaine de la marine marchande.*

merchant service : *marine marchande.*

merchant ship : *navire marchand.*

mermaid : *sirène.*

miss the boat (to) : *manquer le bateau*; (fig.) *louper le coche, manquer une occasion.*

mist : *brouillard, brume.*

   sea mist : *brume de mer.*

misty : *brumeux*; (fig) *nébuleux.*

   misty-eyed : *aux yeux embués de larmes*; *la larme à l'œil.*

miz(z)en mast : *mât d'artimon* (*mât de misaine* : **foremast**).

moor (to) : *amarrer; mouiller.*

mooring : *mouillage.*
   moorings : *amarres.*

motorboat : *bateau à moteur, canot automobile.*

motorlaunch : *vedette* (à moteur).

motor ship/vessel : *navire à moteur.*

mud : *boue, vase.*
   mud bank : *banc de boue/vase.*
   mud slinging : *calomnie(s), médisance, dénigrement.*
   stick-in-the-mud : *routinier, sclérosé, encroûté.*

muddy : *boueux, couvert de boue*; (eau) *trouble*; (couleur) *terne, terreux*; (idée) *confus.*

muddy (to) : *rendre boueux, salir.*
   to muddy the waters : *brouiller les pistes.*

mutiny : *mutinerie*; (fig.) *révolte.*

mutiny (to) : *se mutiner*; (fig.) *se révolter.*

N

narrows : *passe, goulet*; *étranglement.*

nautical : *nautique, marin, maritime.*
   nautical mile : *marin/nautique* (= 1 852 m).

naval : *naval, de* (la) *marine*; *maritime*.

  naval aviation : *aéronavale*.
  naval dockyard : *arsenal maritime*.
  naval frogman : *nageur de combat*.
  naval officer : *officier de marine*.

navigability : *navigabilité*.

navigable : *navigable*.

navigate (to) : *naviguer*; *piloter*; *diriger* (un missile) ; (fig.)
retrouver son chemin, se frayer un chemin.

navigation : *navigation*.

  navigation laws : *code/législation maritime*.

navigator : *navigateur*.

  the driver and his navigator were slightly injured : *le
    conducteur et son navigateur ont été légèrement blessés*.

navy : *marine, marine de guerre*.

  merchant navy : *marine marchande*.
  navy-blue : *bleu marine*.
  navy-yard : *arsenal maritime*.

O

oar : *rame, aviron*.

  to ship the oars : *rentrer les rames*.
  to ply an/the oar : *manier la rame*.
  to put/shove/stick one's oar in : *mettre son grain de sel, ne pas
    pouvoir s'empêcher d'intervenir*.

ocean : *océan.*

 a drop in the ocean : *une goutte d'eau dans la mer.*
 ocean bed : *fonds sous-marins.*
 ocean liner : *paquebot de ligne.*
 oceans of : *des tonnes de, énormément de, des tas de.*
 ocean-going : *de long cours.*
 ocean-going ship : *navire de haute mer.*

octopus : *pieuvre, poulpe*; (pour bagages) *fixe-bagages, pieuvre*; (organisme, entreprise) *pieuvre, entité à ramifications multiples.*

offing (in the) : *au large*; (fig.) *en perspective.*

 he has a good job in the offing : *il a un bon emploi en perspective/en vue.*

offshore : *au large, en mer, offshore; extraterritorial, à l'étranger, de l'étranger.*

 10 miles offshore : *à dix milles de la côte.*
 offshore bank : *banque hors-lieu* (banque internationale établie sur un territoire insulaire ou portuaire où elle trouve des privilèges particuliers).
 offshore breeze : *vent de terre.*
 offshore fishing : *pêche côtière.*
 offshore fund : *fonds de placement spécialisé dans les investissements à l'étranger.*
 offshore oil-rig : *plateforme pétrolière offshore.*
 offshore orders : *commande provenant d'outre-mer, de l'étranger.*
 to lie offshore : *être ancré au large, mouiller au large.*

offshore jobs (to) : *délocaliser des emplois.*

on board : *à bord.*

 on board a train/bus : *à bord d'un train/bus.*

to come/go on board : *monter à bord.*
to take on board : *prendre à bord, embarquer; charger.*
welcome on board : *bienvenue à bord; bienvenue dans notre groupe/équipe.*

open sea (in the) : *en pleine mer.*

outgoing : (marée) *descendante*; (navire) *en partance*; (personne) *extraverti(e), chaleureux/chaleureuse.*

   outgoing auditors : *commissaires aux comptes sortants.*
   outgoing calls : *appels sortants/vers l'extérieur.*

out to sea : *en mer, en pleine mer.*

ten miles out to sea : *à dix milles de la côte.*

overboard : *par-dessus bord.*

   don't go overboard with the wine : *vas-y mollo avec le vin.*
   man overboard! : *(un) homme à la mer!*
   our project was thrown overboard : *notre projet a été abandonné/rejeté.*
   to be washed overboard : *être emporté* (d'un bateau) *par une lame/les vagues.*
   to go overboard about somebody/something : *s'emballer pour quelqu'un /quelque chose.*
   to go overboard with something : *en faire trop, y aller trop carrément.*
   to throw overboard : *jeter par-dessus bord.*

P

packet, packet boat : *paquebot, malle.*

paddle : *pagaie; aube, pale, palette.*
   paddle boat/steamer : *bateau à roue, à aubes.*

paddle wheel : *roue à aubes.*
to go for/to have a paddle : *aller faire trempette, barboter.*

paddle (to) : *pagayer; faire du canot; faire trempette, barboter*; (US) *donner une/la fessée.*

to paddle one's own canoe : *se débrouiller/se tirer d'affaire tout seul, être autonome.*

pass : *passe* (maritime) : *col; abonnement, titre de transport*; (examen) *obtention, fait d'être reçu.*

passage : *voyage* (en mer), *traversée; passage.*

passage to India : *voyage/traversée vers l'Inde.*
passage-money : *prix/coût du voyage.*

passenger : *passager, voyageur.*

by passenger train : *en grande vitesse.*
passenger coach/carriage/(US) **car** : (train) *voiture/wagon de voyageurs.*
passenger ferry : *bac, ferry .*
passenger inquiries : (bureau d') *information* (pour voyageurs).
passenger list : *liste des passagers.*
passenger ship : *navire à passagers, paquebot.*
passenger train : *train de voyageurs.*
passengers mile : *kilomètre-passager, kilomètre-voyageur.*

pedal boat : *pedalo.*

pier : *jetée, appontement, embarcadère, digue, môle, estacade, ponton.*

pilot : *pilote.*

coastal pilot : *lamaneur.*
fighter pilot : *pilote de chasse.*

pilot boat : *bateau pilote.*
pilot fish : *poisson pilote.*
pilot scheme/project : *projet pilote/expérimental.*
test pilot : *pilote d'essai.*

pilot (to) : *piloter; servir de pilote, diriger, guider.*

piracy : 1. *piraterie*; 2. *contrefaçon, piratage, pillage, vol* (de brevet).

pirate : *pirate; corsaire, flibustier; contrefacteur, pirate, voleur* (de brevet).

pirate (to) : *pirater, contrefaire, voler* (un brevet).

Pisces (zodiac) : *les Poissons.*

pitch : *tangage; lancement; registre, niveau, volume* (sonore); *façon de présenter un sujet/une question; baratin, boniment.*

pitch (to) : *tanguer; lancer; dresser* (une tente); *présenter un argument*; (voix, etc.) *régler l'intensité, le registre.*

   to pitch and roll : *tanguer et rouler.*

ply (to) : *faire la navette, assurer un service entre deux points.*

plough/(US) **plow the waves (to)** : 1. *fendre les vagues*;
2. *sillonner les mers.*

plunge : *plongeon*; (fig.) *chute, dégringolade.*
   to take the plunge : *se jeter à l'eau, sauter le pas, faire le plongeon, ne plus hésiter.*

plunge (to) : *plonger*; (fig.) *chuter, dégringoler.*

port : *port.*

    a port in a storm : *une main secourable.*

    any port in a storm : *nécessité fait loi* (s'emploie aussi dans un sens sexuel).

    fishing port : *port de pêche.*

    port : *port franc.*

    home port : *port d'attache.*

    port authorities : *autorités portuaires.*

    port dues : *droits de port.*

    port of call : *port d'escale.*

    port of embarkation : *port d'embarquement.*

    port of entry : *port de débarquement/d'arrivée.*

    port of registry : *port d'attache.*

    port of sailing : *port de départ.*

    port of shipment/dispatch : *port d'expédition.*

to leave port : *quitter le port, appareiller, lever l'ancre.*

    to make port : *arriver au port.*

    to put into (a) port : *relâcher dans un port.*

    trading port : *port commercial/de commerce.*

porthole : *hublot* (navire, avion).

posh : (acronyme de « port outside, starboard home = bâbord à l'aller, tribord au retour, stipulant l'emplacement voulu de la cabine pour les riches anglais se rendant en Inde et en revenant, afin de bénéficier des meilleures conditions d'ensoleillement) : *sélect, chic.*

    a posh hotel : *un hotel chic.*

    posh people : *les snobs.*

    to talk posh : *parler comme les gens de la haute.*

to posh up : *se pomponner, se bichonner; se donner un coup de neuf.*

Q

quarantine : *quarantaine.*

quarantine (to) : *mettre en quarantaine.*

quay [kiː] : *quai; appontement.*
  along (the) quay : *le long du quai.*
  on the quay : *à quai.*
  quay berth : *emplacement à quai* (pour un navire).

quayage : *droits de quai; droits de bassin.*

quayside : *quai, quais.*
  to draw up along the quayside : *se mettre à quai, arriver à quai.*

quarter : *hanche* (d'un navire).

quarter-deck : *gaillard d'arrière; plage arrière.*

quartermaster : *quartier-maître.*

quicksand(s) : *sables mouvants.*

R

raft : *radeau; train de flottage/de bois.*
  a raft of… : *un tas de…*

rafting : *rafting.*
  to go rafting : *faire du rafting/descendre un torrent en radeau.*

reef : *récif, écueil, banc de rocher; ris.*

 coral reef : *récif de coraille.*
 to let out a reef : *larguer un ris.*

reef (to) : *prendre un ris.*

 to reef a sail : *serrer un ris à une voile.*

ride at anchor (to) : *être à l'ancre/au mouillage.*

 ride a wave of... (to) : *bénéficier d'une vague de...*
 ride a wave of popularity (to) : *jouir d'une grande popularité.*
 ride the waves (to) : *voguer sur les flots, fendre les vagues.*

refloat (to) : *renflouer, remettre à l'eau, remettre à flot.*

 refloat a company (to) : *remettre une société à flot, renflouer une société.*

registry (port of) : *port d'attache, port d'armement.*

Roaring Forties (the) : *les quarantièmes rugissants.*

rock : *rocher, roc, roche.*

 as solid as a rock : *solide comme un roc.*
 it's rock bottom! C'est la fin de tout!; on the rocks : 1. *sans le sou, à fond de cale*; 2. (boisson) *avec des glaçons.*
 rock : *rocher, roc, roche.*
 rock bottom : *fond rocheux.*
 rock bottom prices : *prix sacrifiés, défiant la concurrence, au plus bas.*
 the firm went on the rocks : *l'entreprise a fait faillite.*
 the ship went on the rocks : *le navire s'est échoué sur les rochers/écueils/récifs.*
 Their spirits are at/have reached rock bottom : *ils ont le moral à zéro.*
 to get off one's rock : *prendre son pied.*

roll : 1. *roulis* ; 2. *rôle d'équipage.*

    to walk with a roll ; *avoir une démarche chaloupée.*
    to call the roll : *faire l'appel.*

roll (to) : *rouler.*

to pitch and roll : *tanguer et rouler.*

roll-on roll-off : *fret intégré.*

roll-on roll-off ship : *navire roulier.*

rough sea : *mer agitée, grosse, houleuse.*

rove (to) : *errer, vagabonder.*

    to rove the seas : *parcourir/écumer les mers.*

rover : *vagabond.*

sea-rover : *écumeur de mer, pirate, corsaire.*

row (to) : *ramer ; transporter à la rame, en canot.*

    to row in the same boat : *avoir les mêmes intérêts, être dans le même bateau.*

rowboat : *canot/bateau à rames.*

rowing : *aviron, canotage ; nage.*

    rowing club : *club d'aviron.*
    rowing boat : *bateau/canot à rames.*
    rowing machine : *rameur* (pour exercices).

rudder : *gouvernail.*

    vertical rudder (aviation) : *gouvernail de direction.*
    horizontal rudder : *gouvernail de profondeur.*

rudderless : *sans gouvernail* ; (fig.) *à la dérive.*

S

sail : *voile*; (moulin) *aile*; *vaisseau*.

    sail maker : *fabricant de voile, voilier*.
    to make sail : *appareiller*.
    to set sail : *prendre la mer, mettre à la voile*.
    to take the wind out of someone's sails : *couper l'herbe sous le pied à quelqu'un*.
    under sail : *à la voile*.

sail (to) : *naviguer/voguer*; *appareiller, prendre la mer*.

    to be about to sail : *être en partance*.
    to sail close to the wind : *serrer le vent*; (fig.) *frôler l'illégalité ou l'indécence*.
    to sail into harbour/(us) **harbor** : *entrer au port*.
    to sail round the world : *faire le tour du monde à la voile*.
    to sail twelve knots : *filer douze nœuds*.

sailable : *navigable*.

sailboard : *planche à voile*.

sailboarder : *véliplanchiste*.

sailboarding : (sport) *planche à voile*.

sailboat : *voilier, bateau à voiles*.

sailing : *navigation*; *appareillage, partance*; *navigation de plaisance*.

    it's plain sailing : *cela va tout seul, c'est sans problème*.
    port of sailing : *port de départ*.
    sailing boat : *bateau à voiles, voilier*.
    sailing orders : *instructions de navigation*.
    sailing ship : *bâtiment à voiles, grand voilier*.

sailor : *marin.*

    fresh water sailor : *marin d'eau douce.*
    sailor suit : *costume* (de) *marin.*
    to be a good sailor : *avoir le pied marin.*

salt : *sel.*

    an old salt : *un vieux loup de mer.*
    not to be worth one's salt : *ne pas valoir grand-chose.*
    salt marsh : *marais salant.*
    salt water : *eau salée, eau de mer.*
    salt-box : *salière.*
    the salt of the earth : *le sel de la terre.*
    to rub salt into a wound : *retourner le couteau dans la plaie.*
    to shed salt tears : *verser des larmes amères.*
    to take something with a pinch of salt : *ne pas prendre quelque chose au pied de la lettre.*

salty dog : 1. *vieux marin, marin expérimenté, loup de mer* ; 2. *vétéran.*

salvage : *sauvetage* (d'un navire, d'une cargaison) ; *récupération.*

salvage (to) : *sauver* (un navire, une cargaison) ; *récupérer.*

    to salvage one's marriage/career : *sauver son mariage/sa carrière.*

sea : *mer* ; *lame.*

    between the devil and the deep blue sea : *entre le marteau et l'enclume, entre la peste et le choléra.*
    beyond the sea(s) : *au-delà des mers, outre-mer.*
    rough/heavy sea : *mer houleuse.*
    sea bed/floor/bottom : *fond de la mer.*
    sea bird : *oiseau de mer/marin.*
    sea front : *bord de mer, front de mer.*

sea lane : *couloir de navigation.*

sea level : *niveau de la mer.*

sea route : *route maritime.*

sea-air : *air marin.*

sea-borne : *tranporté par mer, maritime.*

sea-borne trade : *transport/commerce maritime.*

sea-bound : 1. *bordé par la mer* ; 2. *se dirigeant vers la mer.*

sea-carriage : *transport par mer/maritime.*

sea-carrier : *transporteur maritime.*

sea-change : *changement radical* ; *renversement de stratégie/ d'orientation.*

sea-damage : *fortune de mer.*

sea-damaged : *endommagé/avarié pendant le transport en mer.*

sea-dog : *loup de mer.*

sea-elephant : *éléphant de mer.*

sea-going vessel : *vaisseau/bâtiment de pleine mer.*

sea-horse : *hippocampe.*

sea-port : *port de mer/maritime.*

sea-rover : *écumeur de mer.*

sea-shell : *coquillage.*

sea-water : *eau de mer.*

seaboard : *littoral, côte.*

seafarer : *marin* ; *voyageur maritime*

seafaring : *marin, qui parcourt les mers.*

seafood : *fruits de mer.*

seagull : *mouette.*

seaside : *bord de (la) mer.*

seaside resort : *station balnéaire.*

to be (all) at sea : *être* (complètement) *désorienté(e), déboussolé(e).*

to find one's sea legs : *s'amariner, s'habituer à la mer/ surmonter le mal de mer.*

to go to sea : 1. *(navire) prendre la mer* ; 2. *(personne) embrasser la carrière de marin.*

to have sea legs : *avoir le pied marin.*
to put to sea : *prendre la mer.*
to ship a sea : *embarquer un paquet de mer.*

seaman : *marin, matelot.*

seamanship : *aptitude/habileté à manœuvrer le bateau;
compétence de marin.*

shallow : *peu profond;* (fig.) *superficiel;* (argument) *faible,
peu convaincant.*

shallows : *hauts-fonds/bas-fonds.*

ship : *navire, bateau, vaisseau, bâtiment.*

It was a case of ships that pass in the night : *ce fut une
rencontre sans lendemain.*
merchant ship : *navire marchant/de commerce.*
sea-going ship : *vaisseau de haute mer.*
ship of war : *vaisseau de guerre.*
ship policy : (ass.) *police sur corps.*
ship's boy : *mousse.*
ship's rail : *bastingage.*
ship's register : *certificat d'immatriculation* (d'un navire).
ship's sweat : *buée de cale* (pouvant endommager les
marchandises transportées).
space-ship : *vaisseau spatial.*
the ship of State : *le char de l'État.*
the ship of the desert : *le vaisseau du désert* (= le chameau).
the ship's company : *l'équipage.*
to jump ship : *déserter un navire;* (fig.) *passer dans un camp
adverse.*
to run a tight ship : *diriger d'une main ferme.*
warship : *navire/bâtiment de guerre.*
when my ship comes in : *quand j'aurai fait fortune.*

ship (to) : *expédier, envoyer, adresser* (colis, etc.) ; *charger, embarquer* (marchandises) ; *s'embarquer.*

to ship by air/road : *envoyer/expédier par air/route.*
to ship the oars : *rentrer les rames.*

shipboard : *à bord, de bord.*

a shipboard romance : *une histoire d'amour en croisière.*

ship-broker : *courtier maritime.*

shipbuilder : *constructeur de navires.*

shipbuilding : *construction navale.*

shipbuilding yard : *chantier naval.*

ship-canal : *canal maritime.*

ship-chandler : *ship-chandler, fournisseur/approvisionneur de la marine.*

ship-load : *cargaison, fret, chargement.*

shipmaster : *capitaine* (de navire).

shipment : *expédition, chargement, envoi* (de marchandises) ; *transport, embarquement, mise à bord.*

packing for shipment : *emballage pour transport.*

shipowner : *armateur.*

shipped bill of lading : *connaissement, attestant que les marchandises sont à bord.*

shipper : 1. *expéditeur, chargeur*; 2. *affréteur.*

shipping : 1. *expédition*; 2. *embarquement, chargement, mise à bord*; 3. *navigation, transports maritimes.*

  the shipping trade : *le commerce maritime.*
  shipping agency : *agence maritime.*
  shipping agent : 1. *agent maritime*; 2. *commissionnaire expéditeur, commissionnaire chargeur.*
  shipping and handling charges : *frais de port/d'expédition et de manutention.*
  shipping charges : *frais d'expédition/de port.*
  shipping clerk : *expéditionnaire.*
  shipping company : *compagnie maritime.*
  shipping documents : *documents d'expédition, pièces d'embarquement.*
  shipping instructions : *instructions pour le chargement/ l'expédition.*
  shipping intelligence/news : *nouvelles maritimes, mouvements des navires.*
  shipping note : *note de chargement, permis d'embarquement.*
  shipping office : *bureau maritime, inscription maritime.*
  shipping port : *port d'embarquement.*
  shipping terms : *conditions de transport* (contrat).
  shipping ton : *tonneau d'affrètement.*
  shipping weight : *poids embarqué.*
  shipping-exchange : *bourse de fret, maritime.*

shipshape : *bien rangé, en ordre.*

shipwreck : *naufrage.*

shipyard : *chantier naval, chantier de construction navale.*

shoal : 1. *banc* (de poissons, de sable) ; 2. *bas-fond, haut-fond.*

    in shoals : *en foule, en troupes.*
    shoals of : *avalanche de, grand nombre de.*

shore : 1. *rivage, rive, bord, littoral, côte* ; 2. *plage.*

    on shore : *à terre.*
    shore leave : *permission à terre.*

sink (to) : 1. *sombrer, couler* (navire) ; 2. *amortir, éteindre* (une dette) ; 3. *placer de l'argent à fonds perdu, placer de l'argent à perte, engloutir* ; 4. (cour, etc.) *baisser* ; 5. (terrain) *s'affaisser* ; 6. (soleil) *se coucher* 7. *couler, faire sombrer* (navire/entreprise).

    It was sink or swim : *c'était ça ou ne pas s'en tirer, il fallait bien se débrouiller tout seul.*
    sunk in throught : *plongé(e) dans ses pensées.*
    to be sinking : *être en perdition.*
    to sink a post in the ground : *enfoncer un pieu dans le sol.*
    to sink into despair/sleep : *sombrer dans le désespoir/le sommeil.*
    to sink out of sight : *disparaître.*
    to sink to one's knees : *se mettre/tomber à genoux.*
    to sink under : *succomber à.*
    with a sinking heart : *la mort dans l'âme.*

siren : 1. *sirène* ; *séductrice* ; 2. *sirène* (d'usine, de police).

    the sirens' song : *le chant des sirènes.*
    fire siren : *sirène d'incendie.*

skipper : *capitaine, patron* ; (sport) *chef d'équipe.*

skipper (to) : *commander* ; (équipe) *commander, mener, être le chef de.*

snag : *souche* (, etc.) *submergée, entrave à la navigation* ;
(fig.) *écueil, obstacle, difficulté, problème, hic.*

  to hit a snag : *rencontrer un problème /obstacle, se heurter à
  des difficultés.*

sound : *détroit, bras de mer.*

sound (to) : *sonder.*

  to sound someone's opinions : *sonder les opinions de
  quelqu'un.*

starboard : *tribord.*

steam : 1. *vapeur* ; 2. *buée.*

  full steam ahead ! *en avant toute !*
  to get up/pick up steam : *faire monter la pression* ; *prendre
  de la vitesse* ; (programme, etc.) *monter en puissance* ;
  (personne) *se déchaîner, se lancer.*
  to go full steam ahead : *avancer à plein régime.*
  to let off/blow off steam : 1. *se défouler* ; 2. *vider son sac,
  épancher sa bile.*
  to run out of steam : *s'essouffler* ; (programme, etc.) *tourner
  court.*
  under one's own steam : *par ses propres moyens.*

steam (to) : *naviguer/aller à la vapeur.*

  they were steaming along at 10 knots : *ils allaient à/filaient
  10 nœuds.*
  to steam away : *aller à toute vapeur.*

steamboat : *bateau à vapeur, vapeur.*

steamer : *bateau à vapeur, vapeur, paquebot.*

steer (to) : *gouverner, barrer; diriger; se diriger; conduire; guider.*

    steering committee : *comité de pilotage.*
    steering wheel : *volant* (de voiture).
    this car does not steer well : *cette voiture n'a pas une bonne direction, n'est pas facile à conduire.*
    to steer by the stars : *naviguer aux étoiles, se guider sur les étoiles.*
    to steer clear of : *passer au large de*; (fig.) *éviter.*
    to steer for : *se diriger vers, mettre le cap sur.*

steerage : *entrepont.*

    steerage passenger : *passager de troisième classe*
    to travel steerage : *voyager en 3ᵉ classe.*

storm : *tempête; orage;* (fig.) *pluie, grêle, torrent.*

    a period of storm and stress : *une période tourmentée.*
    a storm in a teacup : *une tempête dans un verre d'eau.*
    a storm of abuse : *un torrent/une pluie d'injures.*
    any port in a storm : *nécessité fait loi* (s'emploie aussi dans un sens sexuel).
    magnetic storm : *orage magnétique.*
    steerage passenger : *passager de 3ᵉ classe.*
    storm : *tempête; orage;* (fig.) *pluie, grêle, torrent.*
    storm damage : *dégâts causés par la tempête/orage.*
    storm troups : *troupes d'assaut.*
    stormbound : *bloqué par la tempête.*
    stormproof : *à l'épreuve des tempêtes/orages.*
    to take by storm : *prendre d'assaut.*

storm (to) : *souffler en tempête, faire rage*; (pluie) *tomber à torrent*; (fig.) *tempêter, s'emporter, fulminer*; (mil.) *prendre d'assaut*.

    it began to storm at 6 p.m. : *l'orage se déclara à 6 heures de l'après-midi*.

    to storm into a room : *entrer dans une pièce comme un furieux*.

stormy : *de tempête*; *orageux*; (fig.) *orageux, houleux, tumultueux, mouvementé*; (caractère) *emporté, violent*.

    on a stormy night : *par une nuit d'orage*.

    stormy relationship : *relation houleuse*.

    stormy sea : *mer agitée, houleuse*.

stow (to) : *arrimer*.

stowage : 1. *arrimage*; 2. *frais d'arrimage*.

stowaway : *passage clandestin*.

stow away (to) : 1. *s'embarquer clandestinement*; 2. *cacher, faire disparaître*.

stower : *arrimeur*.

strait : 1. *détroit*; 2. (fig. pluriel) *situation difficile*.

    the Straits of Dover : *le Pas de Calais*.

    to be in dire straits : *être dans une situation désastreuse/ désespérée*.

    to be in great straits : *être dans la gêne, à bout de ressources*.

strand (to) : (navire) *échouer, s'échouer*; (fig.) *laisser en rade, en plan, laisser tomber*.

    the air strike left us stranded in Canada : *la grève aérienne nous a laissés en rade au Canada*.

stream : *cours d'eau*; *ruisseau*; *courant*; (fig.) *flot* (de personnes, de paroles).

   a stream of abuse : *un flot d'injures.*
   downstream : *en aval.*
   on stream : (usine, etc.) *en service.*
   to go against the stream : *aller contre le courant, à contre-courant.*
   to go with the stream : *suivre le courant, le mouvement.*
   upstream : *en amont.*

stream (to) : *couler*; *ruisseler, dégouliner*; (drapeau) *flotter au vent.*

submarine (adj.) : *sous-marin*; *submersible.*

submarine (n.) : *sous-marin, submersible.*

submerge (to) : *submerger*; *inonder*; *s'immerger.*
   to submerge oneself in work : *se plonger dans le travail.*
   to be submerged in work : *être débordé de travail.*

surf : *ressac, vagues déferlantes, brisants*; *barre, écume.*

surf (to) : 1. *surfer, faire du surf*; 2. *surfer* (sur le Net).

surfboard : *planche de surf.*

surfboarder : *surfeur.*

surfcasting : *pêche au lancer en mer* (depuis le rivage).

surfer : *surfeur/surfeuse* (sur une planche ou sur le Net).

surfing : *surf.*

surge : *vague, montée.*

  surging sea : *mer houleuse.*
  the ship surged at anchor : *le navire à l'ancre était soulevé par les vagues.*

swim (to) : *nager; flotter; surnager.*

  his/her eyes were swimming with tears : *ses yeux étaient noyés/baignés de larmes.*
  my head is swimming : *la tête me tourne.*
  swimming pool : *piscine.*
  swimming suit : *maillot de bain.*
  swimming trunks : *slip de bain.*
  to be swimming in riches : *nager dans l'abondance.*
  to swim under water : *nager sous l'eau.*
  to swim with the tide : *suivre le courant* (propre et figuré).

swimmer : *nageur.*

swimmingly : *à merveille, comme sur des roulettes.*

T

tempest : *tempête; orage.*

  a tempest in a teapot : *une tempête dans un verre d'eau.*

tempestuous : *de tempête;* (mer) *houleuse;* (fig. relations) *orageux, agité, tumultueux;* (personne) *impétueux, fougueux.*

tidal : *de la marée, des marées, qui a des marées.*

  tidal power : *énergie marémotrice;* (fig.) *raz de marée, lame/vague de fond.*
  tidal wave : *raz de marée.*

tide : *marée*; (fig.) *saison, époque.*

   at lowtide : *à marée basse.*

   carried away by the tide : *emporté/entraîné par le courant.*

   Christmastide, Xmastide : *saison de Noël.*

   ebb tide : *marée descendante.*

   high tide : *marée haute.*

   spring tide : *grande marée.*

   the rising tide of : *la montée de.*

   the tide of events : *le cours/la marche/l'évolution des événements.*

   the tide of human affairs : *le cours des affaires humaines.*

   the tide will soon turn : *la marée va bientôt commencer à monter/descendre*; (fig.) *la chance va bientôt tourner.*

   time and tide wait for no man : *on ne peut pas changer le cours du temps.*

   to go against the tide : *aller à contre-courant.*

   to go with the tide : *suivre le courant.*

tide over (to) : *dépanner, aider quelqu'un à surmonter des difficultés.*

   can you lend me 20 pounds to tide me over? : *peux-tu/ pouvez-vous me dépanner de 20 livres?*

tiller : *barre du gouvernail, gouvernail.*

tow : *remorquage.*

   he always has his lawyers in tow : *il est toujours suivi de ses avocats.*

   in tow : *en remorquage.*

   she had two young men in tow : *elle avait deux jeunes hommes dans son sillage.*

   to take in tow : *prendre en remorque.*

   tow-boat : *remorqueur.*

   tow-path : *chemin de halage.*

   tow-truck : *dépanneuse, camionnette de dépannage.*

tow (to) : *remorquer; haler.*

    towing line/rope : *câble de remorque.*
    towing path : *chemin de halage.*
    towing truck : *dépanneuse.*

towage : *remorquage, halage.*

    towage charge/dues : *frais/droit(s) de remorquage.*

trawl, trawl net : *chalut.*

trawl (to) : *pêcheur au chalut; traîner, tirer un chalut.*

    to trawl for something : *être à la recherche de quelque chose.*
    trawler : *chalutier.*

tsunami : *tsunami.*

tug, tugboat : *remorqueur.*

    tug-of-war : *tir/lutte à la corde;* (fig.) *lutte acharnée, rivalité, bras de fer.*

tug (to) : *remorquer; tirer.*

turn of the tide : 1. *moment où la marée cesse de monter ou de descendre;* 2. *retournement de situation.*

typhoon : *typhon.*

U

undercurrent : *courant sous-marin;* (fig.) *courant sous-jacent.*

under-sea(s) : *sous-marin.*

undertow : *courant sous-marin* (causé par le retrait des vagues) ; (fig.) *tension sous-jacente.*

underwater : *sous-marin, sous l'eau.*

    to go underwater : *couler.*

underwater : (Bourse) *se dit* (en particulier pour les stock-options) *lorsque le cours est au-dessous de la valeur d'émission.*

V

vessel : *vaisseau, bâtiment, navire.*

    trading vessel : *bâtiment marchand.*

W

wake : *sillage* ; (fig.) *suite(s).*

    in the wake of : *dans le sillage de* ; (fig.) *à la suite de.*
    to follow in someone's wake : *marcher sur les traces de quelqu'un.*

warship : *navire de guerre.*

water : *eau.*

    a lot of water has passed under the bridge (since then) : *il est passé beaucoup d'eau sous les ponts* (depuis lors)
    drinking water : *eau potable.*
    fresh water : *eau douce.*
    high/low water : *marée haute/basse.*
    holy water : *eau bénite.*
    it won't hold water : 1. *ce n'est pas étanche* ; 2. *ça ne tient pas la route, ne tient pas debout.*
    it's like water off a duck's back : *c'est comme de l'eau sur les plumes d'un canard.*

salt water : *eau salée/de mer.*
that's water under the bridge : *c'est du passé.*
to be in deep waters : *être dans une situation difficile.*
to be in hot water : *être dans le pétrin.*
to draw ten feet of water : *avoir un tirant d'eau de dix pieds.*
to go by water : *voyager par bateau.*
to let in water : *prendre l'eau.*
to pass water : *uriner.*
to spend money like water : *jeter l'argent par les fenêtres.*
water line : *ligne de flottaison.*
water processing plant : *usine de traitement des eaux.*
water route : *voie navigable.*

water (to) : 1. *arroser*; 2. *diluer* (le capital d'une société, etc.).
to make one's mouth water : *mettre l'eau à la bouche.*

waterage : *batelage, transport par eau*; *prix/droit(s) de transport par eau.*

water down (to) : *édulcorer.*

water front : *quai*; *front de mer.*

waterlogged : 1. *(navire) plein d'eau, entre deux eaux*;
2. (terrain, etc.) *inondé, envahi par les eaux.*

watermark : 1. *ligne de haute mer, des hautes eaux*;
2. (papier) *filigrane.*

waterpower : *énergie hydraulique.*

waters : *eaux.*

territorial waters : *eaux territoriales.*
to fish in troubled waters : *pêcher en eau trouble.*
to take the waters : *prendre les eaux.*

watershed : *ligne de partage des eaux*; (fig.) *date historique, moment critique, grand tournant.*

waterside : *bord de l'eau.*

waterways : *voies navigables*; *canaux.*

wave : 1. *vague, lame, rouleau*; 2. *(cheveux) ondulation*; 3. *onde*; 4. *geste/signe de la main.*

    crime wave : *vague de criminalité.*
    heat wave : *vague de chaleur.*
    long waves : *grandes ondes.*
    medium waves : *ondes moyennes.*
    short waves : *ondes courtes.*
    to ride the crest of the wave : *être porté par le succès.*
    to ride the waves : *voguer sur les flots, fendre les vagues.*
    to rule the waves : *régner sur les mers/océans, avoir la suprématie maritime.*

wave (to) : 1. *faire signe* (de la main); 2. *agiter*; 3. *onduler.*

    to wave aside : *écarter, rejeter, refuser d'un geste.*
    to wave down a taxi : *faire signe à un taxi* (de s'arrêter).
    wavelength : *longueur d'onde* (propre et figuré).
    we are not on the same wavelength : *nous ne sommes pas sur la même longueur d'onde.*

wharf, (pl.) wharves : *quai.*

    ex-wharf, x-wharf : (marchandises) *à prendre à quai.*
    ex-wharf, x-wharf prices : *prix départ quai/entrepôt maritime.*

wharf (to) : *débarquer*; *venir à quai, amarrer* (un navire) *à quai.*

wharfage : 1. *débarquement, embarquement, mise en entrepôt* (de marchandises); 2. *droit de quai/de bassin.*

wind : 1. *vent, souffle* ; 2. *respiration, haleine* ; 3. *vent, pet.*

a breath of wind : *un souffle de vent.*
the trade winds : *les vents alizés.*
the wind of change : *le vent du changement.*
the winds : *les instruments à vent.*
there is something in the wind : *il y a quelque chose dans l'air, quelque chose se prépare.*
to get one's wind back : *reprendre haleine.*
to get wind of : *avoir vent de.*
to go/run like the wind : *aller/filer comme le vent.*
to knock the wind out of someone : *couper le souffle à quelqu'un.*
to sail against the wind : *naviguer vent debout.*
to see how the wind blows/lies : *voir d'où vient le vent.*
to take the wind out of someone's sails : *couper l'herbe sous le pied de quelqu'un.*
to throw caution to the winds : *abandonner toute prudence.*
wind instrument : *instrument à vent.*

wind (to) : *couper la respiration/le souffle ; mettre hors d'haleine.*

to be winded : *être hors d'haleine, avoir la respiration coupée.*

windmill : *moulin à vent ; éolienne.*

windsurf : *planche à voile.*

windsurf (to) : *faire de la planche à voile.*

windsurfer : *véliplanchiste.*

windsurfing : *planche à voile* (surf).

windswept : *battu/balayé par les vents.*

windward : *au vent.*

windy : 1. *de/du vent* ; 2. *venteux, balayé par le/les vent(s)* ;
3. (style) *pompeux, ronflant, sentencieux* ; 4. *to be windy* :
avoir la frousse.

wreck : 1. *épave* ; 2. *naufrage* ; 3. (fig.) *naufrage,
effondrement, anéantissement* ; 4. *loque humaine.*

    the car was a total wreck : *la voiture était bonne à mettre à la
       casse.*
    to be a nervous wreck : *être à bout de nerfs.*
    to be killed in a car wreck (us) : *être tué dans un accident de
       voiture.*
    to go to wreck and ruin : *tomber en ruine.*
    to make someone a nervous wreck : *pousser quelqu'un à bout.*

wreck (to) : 1. *provoquer un naufrage* ; 2. *faire naufrage* ;
3. *démolir, détruire, casser ; détraquer* ; 4. (mariage,
ambitions, espoirs) *ruiner, détruire, briser, anéantir, faire
échouer.*

    to wreck someone's hopes : *anéantir les espoirs de quelqu'un.*

wreckage : 1. *épaves ; débris, décombres* ; 2. *naufrage* ; (train)
déraillement.

    to salvage something from the wreckage : *sauver quelque
      chose du désastre ; sauver les meubles.*

Y

yacht : *yacht ; voilier.*
    yacht race : *course à la voile.*

yachting : *yachting ; navigation de plaisance.*
    to go yachting : *faire du bateau à voile, faire de la navigation
      de plaisance.*

yachtsman : *yachtman ; plaisancier.*

FRANÇAIS–ANGLAIS

accoster: To come alongside; (ombre son poste as mouillage) to berth; (personnes) to accost; to go up to and speak to.

A

abordage : *boarding*; (collision) *collision*; (assaut) *attack(ing), assault.*

> **à l'abordage!** : *up and at them!*
> **aller à l'abordage d'un navire** : *to board a ship* (by force).
> **sabre d'abordage** : *cutlass.*

aborder : *to board*; (collision) *to collide (with).*

> **aborder un sujet** : *to broach, tackle, deal with, take up a topic; to move on to.*
> **aborder une personne** : *to approach someone, to come up to someone.*
> **aborder une difficulté** : *to tackle a difficulty, to deal with a difficulty.*
> (= **arriver à**) *to reach, to enter*; (toucher terre) *to touch/reach land, to land.*

abysmal : *abysmal, unfathomable.*

abysse : *abyss.*

aéronef : *aircraft.*

aéroport : *airport.*

accostage : *coming alongside*; (personne) *accosting, going up to and speaking to.*

accoster : *to come/draw alongside*; (prendre son poste au mouillage) *to berth*; (personne) *to accost, to go up to and speak to.*

affréter : *to charter*.

    affréter un camion/avion : *to charter a truck/plane*.

affréteur : *charterer*.

amariner : 1. *to man* (a ship) ; 2. *to accustom to sea-life*.

    amariner (s') : *to get used to sea-life* ; *to get one's sea-legs*.

amarrage : *mooring*.

    coffre d'amarrage : *mooring buoy*.
    être à l'amarrage : *to be moored*.

amarre : *rope, cable, chain*.

    larguer les amarres : *to cast off* ; (personne) *to break ties, to go away, to push off, to raise anchor*.
    les amarres : *the moorings*.
    rompre les amarres : *to break all ties/links* (with), *to cut oneself off* (from).
    sur ses amarres : *at her moorings*.

amarrer : *to moor* ; *to make fast* ; (fixer solidement) *to make fast, to tie down*.

    amarrer (s') : *to moor* ; (= s'arrimer) *to dock (with)*.

aquaculteur/aquacultrice : *aquaculturalist* ; *fish farmer*.

aquaculture : *aquaculture, fish farming*.

aquagym : *aquaerobics, swimnastics*.

aquaplanage, aquaplaning · *aquaplaning*.

aquarelle : *watercolours*/(US) *watercolors*.

    faire de l'aquarelle : *to paint in watercolo(u)rs*.

aquarelliste : *watercolo(u)rist.*

aquarium : *fish tank, aquarium.*

aquatique : *water, aquatic.*
   oiseau aquatique : *waterbird.*
   paysage aquatique : *underwater landscape.*
   parc aquatique : *aquapark, aqueduc, aqueduct.*

aqueduc : *aqueduct.*

aqueux/aqueuse : *aqueous.*

amerrir : *to make a sea-landing*; (capsule spatiale) *to splash down.*

amerrissage : *sea-landing*; (capsule spatiale) *splashdown.*

ancrage : *anchorage, anchoring.*
   ancrage politique : *political roots*; *political base*; *political leaning(s).*
   ancrage à gauche/droite : *left/right positioning*; *leaning to the left/right.*

ancrage (l') d'entreprises dans la région : *the establishment of business firms in the area.*
   monnaie d'ancrage : *anchor currency.*

ancre : *anchor.*
   être à l'ancre : *to be/lie at anchor.*
   jeter l'ancre : *to cast/drop anchor*; (s'installer) *to settle.*

lever l'ancre : *to weigh anchor*; (s'en aller) *to go away, to move,* (fam.) *to make tracks.*

ancré(e) : *anchored*; (fig.) *deeply rooted, strongly/deeply established*; *imbedded/embedded*.

ancrer : *to anchor*; (fig.) *to fix firmly, to establish strongly*.

ancrer (s') : *to anchor, to cast/drop anchor*; (fig.) *to take root, to become fixed, to become well-established, to put down roots, to gain a footing*.

  il s'est finalement ancré dans cette région : *he eventually settled in this area/region/in these parts*.
  s'ancrer commercialement/industriellement/ économiquement : *to gain a solid commercial industrial/ economic footing*

armateur : *shipowner*.

armement : *fitting-out, equipping*.
  compagnie d'armement : *shipping company*.
  l'armement (secteur) : *the shipping business*.

armer : *to fit out, to equip*; *to commission*.

arche : *ark. L'arche de Noé = Noah's ark*.

armada : *armada*.
  l'Invincible Armada : *the Spanish Armada, the Invincible Armada*.
  une armada de véhicules : *a fleet of vehicles*.
  une armada de photographes : *a whole army of photographers*.
  une armada de supporters : *a (whole) mob of supporters*.

atlantisme : *atlanticism*.

atlantiste (n.) : *atlanticist.*

atlantiste (adj.) : *atlanticist, who/which favo(u)rs/promotes the Atlantic Alliance.*

avarie : *damage*; (terme technique désignant les dommages au navire ou à la cargaison pendant le transport) *average.*

avarié(e) : *damaged*; (nourriture) *spoilt, tainted*; *rotting*; *which has gone bad.*

avarier : *to damage*; (nourriture) *to spoil.*

avarier (s') : *to spoil, to go bad, to rot.*

B

bâbord : *port, port side.*
    par bâbord : *on the port side, to port.*

bac : *ferry, ferry-boat*; (voiture) *car-ferry.*
    bac aérien : *air-ferry.*
    transporter par bac : *to ferry.*

baie : *bay.*
    la Baie des Cochons : *the Bay of Pigs.*

baille : 1. *(baquet) wooden bucket* (on a ship) ; 2. (fam. pour eau) *water, drink.*
    tous à la baille ! : *everybody in !*
    tomber à la baille : *to fall into the water*; (fam.) *in the drink.*
    jeter à la baille : *to throw into the water.*

balise : *beacon*; (aéroport) *beacon, runway light*;
(automobile) *road marker*; (ordinateur) *tag*.

  balise radio : *radio beacon*.
  balise de détresse : *distress beacon*.

baliser : *to mark out with beacons, lights, buoys*.

  sentier balisé : *way-marked footpath*.
  baliser le terrain : *to prepare the ground, to map out the
  ground*.
  baliser l'avenir : *to chart the future; to pave the way for the
  future*.
  baliser le territoire/marché bien balisé : *well-defined
  territory/market*.
  = **avoir peur** (fam.) : *to have the jitters*.

banquise : *ice-field, ice-pack, ice-bank, ice-floe(s)*

pris/bloqué par la banquise : *ice-bound*.

barge : *barge*.

barque : *small boat, small craft*.

  barque à moteur : *motorboat*.
  barque de pêche : *small fishing boat, fishing smack*.
  bien mener/savoir mener sa barque : *to manage one's affairs
  efficiently, to do all right/alright for oneself*;
  charger la barque : *to overdo it, to exaggerate*.
  mener sa barque : *to manoeuvre*, (us) *maneuver*.

barre : *helm*; (petit bateau) *tiller*; (baie, port, estuaire) *bar*;
(= houle) *race*, (= mascaret) *bore*.

  donner un coup de barre à droite, à gauche : *to set the course
  to the right/left*.
  être à/tenir la barre : *to be at the helm; to steer; to be in
  command*.
  prendre la barre : *to take the helm*; (fig.) *to take over*.

redresser la barre : *to right the helm, to get/bring things back on an even keel, to put/set things right.*

  un coup de barre à droite/à gauche : *a shift to the right/left.*

barré(e) :

  être mal barré(e) : *to be in for trouble.*
  on est mal barrés : *things aren't looking bright.*

barreur : *helmsman.*

barrer (se) : *to leave,* (fam.) *to clear off, to beat it, to make tracks.*

bas-fond : *shallow water, shallow, shoal*; (= terrain en dépression) *depression.*

  les bas-fonds de la société : *the dregs of society.*
  vivre dans les bas-fonds : *to live in the slums, in the seediest part of the town.*

bastingage : *(ship's) rail.*

bateau : *boat*; (grand) *ship.*

  bateau à moteur : *motor boat.*
  bateau à rames : *rowing boat, rowboat.*
  bateau à roue/aubes : *paddle steamer.*
  bateau à vapeur : *steamboat, steamer, steamship.*
  bateau à voile : *sailboat, sailing boat.*
  bateau amiral : *flagship.*
  bateau de guerre : *warship.*
  bateau de plaisance : *pleasure boat, yacht.*
  bateau école : *training ship.*
  bateau gonflable : *inflatable boat.*
  bateau mouche : *river cruiser.*
  bateau-citerne : *tanker.*
  bateau-lavoir : *wash-shed.*

bateau pilote : *pilot boat.*

bateau-pompe : *fire boat.*

capitaine de bateau lavoir : *fresh-water sailor.*

col/décolleté bateau : *boat neck.*

mener en bateau : *to take* (someone) *for a ride, to lead* (someone) *up the garden path.*

monter un bateau à quelqu'un : *to fool, to try to fool someone.*

nous sommes tous dans le même bateau : *we are all in the same boat.*

réponse bateau : *usual/standard answer.*

se garer sur un bateau (devant une maison) : *to park in front of the entrance.*

sujet bateau : *hackneyed topic.*

bâtiment : *ship, vessel.*

bâtiment amiral : *flagship.*

bâtiment de guerre : *warship.*

bâtiment de haute mer : *sea vessel.*

bleu marine : *navy blue.*

blocus : *blockade.*

appliquer un blocus, faire le blocus de : *to blockade.*

briseur de blocus : *blockade runner.*

bord : *board*; (= rire) *shore.*

à bord : *on board, aboard.*

bienvenue à bord ! *welcome aboard!*

bord à bord : *side by side.*

commandant de bord (avion) : *captain.*

de bord opposé : *of the opposite side.*

du même bord : *on the same side.*

franco à bord . *free on board, FOB.*

il/elle n'est pas de notre bord : *he/she is not one of us.*

ils ne sont pas de notre bord : *they are not of the same opinion, they do not share our views.*

jeter par-dessus bord : *to throw overboard*; (= se délester de) *to jettison.*

journal/livre de bord : *log book, ship's log.*

les hommes du bord : *the crew.*

les moyens du bord : *the means available/at one's disposal.*

maître à bord (seul) : *(sole) master (on board).*

monter à bord : *to go aboard/on board, to board.*

prendre à bord : *to take on board/aboard.*

se débrouiller avec les moyens du bord : *to make do*; *to get by as best one can.*

tableau de bord : (bateau) *instrument panel*; (voiture) *dashboard*; (économie) *indicators.*

vaisseau de haut bord : *tall ship/vessel.*

tirer un bord : *to tack, to make a tack.*

tirer des bords : *to tack, to make tacks.*

virer de bord : *to tack*; (fig.) *to change sides*; *to take a new line*; *to reverse one's opinion.*

bordée : 1. (quart) ***watch***; 2. (salve) ***broadside***; 3. (virée alcoolique) ***drinking spree, bender.***

bordée d'injures : *torrent/volley/stream/string of abuse.*

tirer une/des bordées : *to tack, to make a tack/tacks.*

tirer une bordée (= faire la foire) : *to go on a binge/a spree*; *to paint the town red*; **(se cuiter)** *to go on a bender/a drinking spree.*

boucanier : ***buccaneer.***

brisant : ***breaker***; (écueil) ***reef, rock.***

brise : ***breeze***; ***wind.***

brise de mer : *sea breeze.*

brise de terre : *land breeze.*

forte brise : *moderate gale.*

brise-glace : ***icebreaker.***

brise-lame(s) : *breakwater, mole.*

briser contre (se) : *to break against.*

brûler ses vaisseaux : *to burn one's boats, to burn one's bridges.*

bouée : *buoy*; (pour enfant) *rubber ring/duck.*

  bouée de sauvetage : *life belt*; (fig.) *lifeline.*
  bouée sonore : *radio buoy.*

boussole : *compass.*

  perdre la boussole : *to go off one's head*; (fam.) *to go nuts/ bonkers*; (s'affoler) *to panic, to become frantic.*

C

cabine : *cabin*; (avion) *cockpit*; *cabin*; (téléphone) *box, kiosk, booth*; (de plage) *cubicle.*

cabotage : *coastal navigation, tramping*; (aviation) *cabotage.*

  faire du cabotage : *to sail along the coast*

caboter : *to sail along the coast.*

caboteur : *tramp, tramp vessel, coaster.*

cale : *hold*; (pour réparations) *dock.*

  à fond de cale : 1. *down in the hold*; 2. = **sans le sou** (fam.) *broke, flat broke/bust*, (G.B.) *skint*; 3. (vitesse) *at top speed.*
  eau de cale : *bilge.*
  cale sèche : *dry dock.*

calfatage : *ca(u)lking.*

calfater : *to ca(u)lk.*

calme plat : *dead/flat calm*; *becalmed sea/waters.*

  c'est le calme plat (dans les affaires) : *business is at a standstill.*
  calmes équatoriaux, zone de calme plat : *(the) doldrums.*

canal : *canal*; (maritime) *channel*; (médical) *duct, canal.*

  les canaux officiels : *the official channels.*
  par le canal de : *through/via.*

canalisation : *pipe*; *piping, pipework*; *network.*

canaliser : *to channel, to funnel.*

  canaliser une revendication : *to channel a claim.*

canoé : *canoe.*

  faire du canoé : *to canoe.*

canot : *open boat, dinghy.*

  canot à moteur : *motor boat.*
  canot de sauvetage : *lifeboat.*
  canot pneumatique : *rubber/inflatable dinghy.*

canotage : *boating, rowing.*

  faire du canotage : *to go boating/rowing.*

canoter : *to go boating/rowing.*

canotier : *boater, boater's hat.*

cap : *cape*; (promontoir) *headland, point.*

  Cap de Bonne-Espérance (le) : *the Cape of Good Hope.*
  changer de cap : *to change course.*
  dépasser le cap de (somme d'argent) : *to pass the … mark.*

doubler un cap : *to round a cape.*
franchir un cap difficile : *to get over/to clear a hurdle.*
garder/maintenir le cap : *to steer/hold/keep a steady course.*
l'entreprise a dépassé/franchi le cap des 50 employés : *the firm now numbers more than 50 employees.*
mettre le cap sur : *to head for.*
passer le cap des cinquante ans : *to turn fifty.*
passer un cap/le cap : *to turn the corner*; (passer le pire) *to be over the worst.*

capitaine : *captain.*

capitaine au long cours : *master mariner.*
capitaine d'industrie : *captain of industry.*
capitaine de/du port : *harbour/*(US) *harbor master.*
capitaine de bateau lavoir : *freshwater sailor.*
des cargaisons de touristes : *busloads of tourists.*

cargaison : *cargo*; *freight*; (= grande qualité) *heap(s)/pile(s) of.*

cargaison aérienne : *air-cargo, air-freight.*
des cargaisons de touristes : *busloads of tourists*
des cargaisons de visiteurs : *crowds of visitors.*
une cargaison d'injures : *a stream/shower of abuse.*

cargo : *cargo-boat, cargo-vessel, cargo-ship freighter.*

avion cargo : *air-freighter, cargo-plane.*
cargo mixte : *cargo and passenger ship, passager-cargo ship.*

carré (des officiers) : *officers' wardroom.*

chaland : *barge.*

chaland automoteur : *self-propelled barge.*
chaland de débarquement · *landing barge.*

chaloupe : *launch, longboat, rowing-boat, rowboat.*

chaloupe de sauvetage : *lifeboat.*

chaloupé(e) : (mouvement) *swaying*; (démarche) *swaying, rolling.*

chalut : *trawl net.*
   pêcher au chalut : *to trawl.*

chalutier : *trawler*; (personne) *trawlerman.*

chavirer : *to capsize, to overturn, to keel over*; (chargement, etc.) *to overturn, to tipover, to keel over.*
   cette musique me fait chavirer : *that music moves me deeply/ tugs at my heartstrings.*
   être tout chaviré : *to be quite overcome/shaken.*
   le paysage chavire : *the landscape reels.*
   mon cœur a chaviré : (émotion) *my heart leapt/leaped*; (dégoût) *my stomach heaved.*
   ses yeux chavirèrent : *his/her eyes rolled upwards.*

commandant : *captain*; (armée de terre/de l'air) *major.*
   commandant en chef : *commander in chief.*
   commandant en second : *second in command.*
   commandant du/de port : *harbour/(us)harbor master*
   commandant de bord (avion) : *captain.*

commandement : 1. *captain ship*; 2. *order.*

commander : 1. *to command*; *to captain*; 2. *to order.*

coque : *hull*; (auto) *body*; (avion) *fuselage.*
   coque de noix : *cockleshell.*

coquille de noix : *cockleshell.*

corsaire : *corsair, pirate*; *privateer.*

  pantalon corsaire : *corsair breeches.*

côte : *coast*; *coastline*; *shore.*

  aller à la côte (bateau) : *to run ashore.*
  être à la côte (fam.) : *to be pennyless, broke*; (G.B.) *skint, flat*; *broke/bust.*
  le navire a été jeté à la côte : *the ship was driven towards the coast.*
  longer la côte : *to go/run/drive along the coast.*

côtier/côtière : *coastal, coast*; (pêche) *inshore*

  navigation côtière : *coastal navigation, coasting.*

couler : *to sink* (sank, sunk); (entreprise) *to fold, to go under, to fail, to go bust.*

couler à pic : (faire échouer) *to ruin, to bring down, to wreck*; (discréditer) *to discredit*; *to undo.*

  couler à pic : *to sink* (straight) *to the bottom.*
  couler corps et biens : *to be lost with all hands.*

courant : *current*; *stream.*

  à contre-courant : *against the tide/current*; (fig.) *against the tide/the general trend*; (= à l'encontre) *against the grain.*
  courant (d'opinion) : *trend (of public opinion).*
  courant ascendant : *rising/ascending/upward current.*
  courant atmosphérique : *airstream.*
  courant d'air : *draught*, (us) *draft.*
  courant d'air chaud/froid : *warm/cold airstream.*
  courant de pensée : *line/trend of thought.*

courant de scepticisme/sympathie, etc. : *wave of scepticism/* (us) *skepticism/sympathy.*

    courant littéraire, etc. : (*literary*, etc.) *movement.*

    courant sous-marin : *undertow* (causé par le retrait des vagues).

    courant souterrain : *underground current.*

    remonter le courant : *to go back against the current; to go upstream, to swim/sail upstream/against the current;* (fig.) *to get back on one's feet; to recover.*

    suivre le courant : *to go with the current;* (fig.) *to follow the crowd, to go with the stream.*

cours : *flow, course*; (valeur) *price, rate, quotation.*

    capitaine au long cours : *master mariner.*

    cours d'eau : *watercourse.*

crête (des vagues) : *crest.*

    vagues aux crêtes blanches : *white-crested billows.*

croiser : *to cruise.*

    croiser au large : *to cruise offshore.*

croisière : *cruise*; *cruising.*

    allure/régime/vitesse de croisière : *cruising speed.*

    être en croisière : *to be on a cruise, to be cruising.*

    faire une/partir en croisière : *to go on a cruise.*

    missile de croisière : *cruise missile.*

    navire de croisière : *cruise ship.*

croisiériste : *cruise passenger*; (société) *cruise company.*

D

débarquement : *landing*; (marchandises) *unloading*;
(passagers) *disembarkation, landing*; (troupes) *landing*.

>   **Débarquement (Le)** (1944) : *the Normandy Landings.*
>   **navire/péniche de débarquement** : *landing craft.*

débarquer : *to land*; (marchandises) *to unload*; (passagers)
to disembark, to land; (troupes) *to land*; (= licencier,
destituer, etc.) *to fire*, (G.B.) *to sack, to kick out, to give
the push to, to dismiss*; (= arriver), *to arrive, to turn up*;
(soudainement) *to turn up/show up*; (ne pas être au
courant) *not to know, not to be in the know/in the picture.*

>   **je débarque!** : *I don't know what you're talking about; please
>   fill me in!*
>   **les Anglais ont débarqué** (argot, allusion au cycle menstruel) :
>   *she's got her period/it's that time of the month.*
>   **marchandises débarquées** (incoterms) : *ex-quay.*
>   **se faire débarquer** : *to be dismissed, fired, kicked out*, (G.B.)
>   *sacked, to get the push/the sack.*
>   **tu débarques!** : *where have you been recently?/you're just off
>   the boat, aren't you?*

déboussolé(e) : *lost, at a loss, disorientated, puzzled.*

déboussoler : *to disorientate, to puzzle.*

déferlante : (vague) *breaker*; (fig.) *flood.*

déferlement : (vagues) *breaking*; (violence) *surge,
spread(ing)*; (foule, etc.) *flood(ing).*

déferler : (vagues) *to break*; (violence) *to surge, to sweep through*; (foule, etc.) *to stream into, to flood, to sweep through*; (voile, drapeau) *to unfurl*.

démâter : *to be dismasted, to lose its mast(s)*.

dérivant(e) : *drifting, adrift*.
  filet dérivant : *drift net*.

dérivatif : *distraction*.
  c'est un dérivatif à sa douleur/son chagrin : *it takes his/her mind off his/her pain/grief*.

dérivation : *diversion*; (us) *detour*; (voc., maths) *derivation*; (élec.) *shunt(ing)*.
  canal de dérivation : *diversion canal*.

dérive : *drift, drifting; leeway*.
  dérive de gouvernail (bateau) : *centre-board*, (us) *center-board*; (avion) *fin, vertical stabilizer.*,
  dérive des continents : *continental drift*.
  dérive droitière : *drift/drifting to/towards the right*.
  dérive sur bâbord : *drift to port*.
  dérive sur tribord : *drift to starboard*.
  être à la dérive : *to be adrift, to be drifting*; (personne) *at the mercy of circumstances*.
  navire en/à la dérive : *ship adrift*.
  partir à la dérive : *to go drifting off*; (entreprise, projet) *to fall apart*.
  tout part/va à la dérive : *everything is going to the dogs/going downhill*.

dérivé(e) (adj.) : (voc., maths, etc.) ***derived*** (from).

   dérivé (n.) : (= produit dérivé) *by product*; (voc., maths, etc.) *derivative*.

   dérivée (nom) : (maths) *derivative*.

dériver : ***to drift, to be adrift, to be drifting***; (maths, voc., etc.) ***to derive***; (électricité) ***to shunt***; (s'éloigner du sujet) ***to wander, to drift away (from)***; (politique, conversation) : ***to lose (one's) focus***.

   la discussion a dérivé sur : *the discussion drifted* (in)*to…*
   to become unfocus(s)ed, to wander; to go astray; (rivière) to divert.

dériver de : ***to derive from, to stem from, to be derived from.***

dériveur : (voile) ***storm sail***; (bateau) ***sailing dinghy.***

drague : ***dredge***; ***dredging***; (navire) ***dredger***; (pour séduire) ***picking up***; (par la parole) ***chatting up.***

draguer : ***to dredge***; (pour séduire) ***to pick up***; ***to chat up***; ***to go on the pick-up.***

dragueur : ***dredger***; (séducteur) ***skirt-chaser.***

   dragueur de mines : *mine-dredger.*

E

eau : ***water.***

   aller sur l'eau : *to sail.*
   basses eaux : *low water(s)*; *low ebb*; (économie) *low ebb, stagnation.*
   chute d'eau : *waterfall*
   comme un poisson hors de l'eau : *like a fish out of water, out of one's depth.*

eau de cale : *bilge.*

eau de mer : *salt water, seawater.*

eau douce : *fresh water.*

eaux : *waters.*

eaux profondes : *deep waters.*

eaux territoriales : *territorial waters.*

être comme un poisson dans l'eau : *to be like a fish in water, to be in one's element*; *like a bug in a rug.*

être dans les eaux d'un navire : *to be in the wake of a ship.*

être dans les eaux de quelqu'un : *to be someone's follower.*

faire de l'eau : *to take on a supply of water.*

faire eau : *to spring/have a leak.*

faire eau de toutes parts : *to leak like a sieve* (*sieve* = **tamis, passoire**).

hautes eaux : *high water(s)*; *high tide.*

jeter à l'eau : *to throw into the water*; (= jeter par-dessus bord) *to throw overboard*; (pour alléger le navire) *to jettison.*

mettre à l'eau : *to launch.*

mise à l'eau : *launching.*

nager entre deux eaux : *to keep a foot in both camps, to run with the hare and hunt with the hounds.*

naviguer en eaux troubles : *to move in shady circles, to be involved in shady deals/dealings.*

entre deux eaux : *just below the surface.*

notre projet est tombé à l'eau : *our project is off.*

pêcher en eau trouble : *to fish in troubled waters.*

port en eau profonde : *deep water port.*

prendre l'eau : *to leak*; (projet) *to founder.*

se jeter à l'eau : *to jump/plunge into the water*; (= prendre un risque) *to take the plunge.*

se mettre à l'eau : ***to get into the water***; (ne plus boire d'alcool) ***to go on wagon.***

tirant d'eau : *draft.*

tomber à l'eau : *to fall into water*; (projet) *to fall through, to fail.*

voie d'eau : *leak.*

échoué(e) : (navire) *stranded*; *beached*; *lying high an dry*; *lying aground*; (tentative, plan) *failed*.

échouer : (= s'échouer) *to run aground*; (échouer un navire volontairement) *to beach*; (involontairement) *to ground*.

échouer (tentative, plan, etc.) : *to fail, to fall through*.
échouer à un examen : *to fail an exam*.
échouer dans une tentative : *to fail in an attempt*.
faire échouer (une tentative) : *to foil, to thwart*.
le navire s'était échoué sur un récif : *the ship had run aground on a reef*.
on a échoué dans/à : *we ended up in…*
s'échouer sur un banc de sable : *to run into a sandbank*.

écoper : *to bail out* (G.B. aussi *to bale out*); **écoper de** : *to get*.

c'est moi qui ai écopé : *I had to cop it/to carry the can, it fell on me, I was the fall guy*.
écoper de deux ans de prison : *to be sentenced to two years* (in prison), *to get a two-year jail sentence*.
il a écopé pour les autres : *he got the rap for the others*.

écoutille : *hatchway*; (argot pour oreille) *ear, flap, lug*.

avoir les écoutilles ensablées : *to be hard of hearing*.

écueil : *reef*; (fig.) *danger, difficulty, stumbling block, pitfall*.

s'échouer sur un écueil : *to run aground on a reef*.
se briser sur les écueils : *to crash on the reefs/rocks*.

écume : *foam, froth*; (cheval) *lather*.

l'écume aux lèvres/à la gueule : *frothing/foaming at the mouth*.
l'écume de la société : *the scum/dregs of society*.
pipe en écume : *meerschaum pipe*.

écumer : *to foam, to froth*; (cheval) *to lather*; (avec une écumoire) *to skim(= ratisser) to scour, to comb.*

   écumer de rage : *to foam/froth at the mouth, to be foaming with rage.*

   écumer les mers : *to scour the seas*; *to rove the seas.*
   (= ratisser) : *to scour, to comb.*

écumeur (des mers) : *pirate, buccaneer; sea rover.*

embarcadère : *loading pier/stage.*

embarcation : *boat, craft.*

embarquement : *boarding*; (marchandises) *loading.*

quai d'embarquement : *loading wharf.*

   carte d'embarquement : *loading pass/card.*
   embarquement immédiat : *immediate boarding.*

embarquer : *to go on board, to embark*; (= prendre à bord) *to take on board*; (marchandises) *to load*; (= voler), *to steal, to pinch*; *to take away, to carry off.*

   elle s'est embarquée pour l'Angleterre : *she went off to Britain, she sailed* (off)/*flew off to Britain.*

   embarquer des paquets d'eau : *to ship water, to take in water.*

   embarquer quelqu'un dans une affaire : *to involve someone in a business.*

   être bien embarqué : *to be off to a good start.*

   être embarqué dans une sale affaire : *to be involved/mixed up in a nasty business.*

   être mal embarqué : *to be off to a bad start.*

   marchandises embarquées : *goods on board.*

   s'embarquer dans quelque chose : *to embark on/upon something.*

   s'embarquer pour Cythère : *to embark on a love affair*; *to get married.*

   se faire embarquer par la police : *to be picked up by the police.*

émergent : *emerging*.

  les pays émergents : *emerging countries/nations*.

émerger : *to emerge*; (apparaître) *to surface*; *to rise* (from, out of); *to appear*; *to come out of*; (se tirer d'une situation) *to begin to see the light at the end of the tunnel, to turn the corner*; (se détacher) *to stand out*.

  la partie émergée de l'iceberg : *the visible part of the iceberg, the above-water part of the iceberg*.
  la vérité finit toujours par émerger : *truth will always come out*.

ensablé (être) : *to get stuck on a sandbank*.

  avoir les portugaises ensablées : *to be hard of hearing*.

ensabler (s') : (port) *to silt*; (bateau, etc.) *to get stuck/to sink in the sand*.

épave : *wreck*; *(pièce of) wreckage*; (objets jetés à la côte) *flotsam and jetsam*; (personne), (human) *wreck, derelict*; (navire abandonné) *derelict* (ship/boat); (ruine) *ruin(s)*; (voiture) *wreck*.

équipage : *crew*, (= équipement d'un bateau) *gear*.

  en grand équipage : *in* (full) *state*.
  homme d'équipage : *member of a ship's crew, crewmember*.
  rôle d'équipage : *muster roll, crewlist*.

escale : *call*; (avion, etc.) *stop, stopover*.

  escale technique : (avion) *refuelling stop*.

faire escale : *to call (at...)*; (avion) *to stop over*; (navire, pour se ravitailler, etc.) *to put in* (at a port).

  port d'escale : *port of call*.
  vol sans escale : *direct flight, non-stop flight*.

esquif : *small boat.*

   frêle esquif : (lit.) *frail bark/barque.*

éventé : (exposé) *windy*; (bière, etc.) *stale, flat*; (connu) *well-known.*

éventer : *to air, to fan*; (révéler) *to expose, to disclose, to reveal, to discover*; (secret) *to let out.*

   éventer un complot : *to discover/expose a plot.*

éventer (s') : *to fan oneself*; (bière, etc.) *to go flat/stale/musty.*

F

fanal : *beacon*; (train) *headlight, headlamp*; (lanterne) *lantern, lamp.*

felouque : *felucca.*

ferry : *ferry boat*; *carferry*; *train ferry.*

flot : *waves.*

   mettre à flot : *to launch.*
   à grands flots : *in streams/torrents, unstintingly, abundantly.*
   couler à flots : *to flow abundantly.*
   flot de dentelle (un) : *a cascade of lace.*
   flot de lumière (un) : *a stream/flood of light.*
   flot de paroles : *flood of words* (= grande quantité) *stream, flood.*
   les flots bleus : *the blue waters.*
   mise à flot : *launching.*
   programme de remise à flot : *remedial programme/*(US) *program.*

remettre à flot : *to refloat*; (entreprise) *to revive, to bring back onto an even keel*,
(= **marée**) : *tide, floodtide, incoming tide*.

flottabilité : (navire) **seaworthiness**; **buoyancy**.

flottage : *floating*.

flottaison : (fin. = lancement) **floatation**.
  flottaison (ligne de) : *waterline*.

flottant : **floating**; (se déplaçant) **drifting**; (cheveux) **flowing**; (taux, capitaux) **fluctuating**; (effectif) **fluctuating**; (irrésolu) **irresolute, hesitating, wavering**.
  capitaux flottants : *floating capital*.
  dette flottante : *floating debt*.
  l'électorat flottant : *the floating vote*.
  police flottante : (ass.) *floating policy*.
  taux flottant : *floating rate*; *fluctuating rate*.

flotte : **fleet**; (fam. = eau) **water**; (fam. = pluie) **rain**.
  flotte aérienne : *airfleet*.
  flotte marchande/commerciale : *merchant fleet*.
  flotte de guerre : *naval fleet, navy, war fleet*.

flottement : **wavering, hesitation, indecision**.

flottement de l'électorat : **fluctuation/indecision of voters**; (= relâchement) **imprecision, vagueness, unevenness; lack of focus/thoroughness/purpose**.
  flottement de l'esprit/imagination : *wandering of the mind/the imagination*.
  flottement du drapeau/bannière : *flapping/fluttering of a flag/a banner*.

flotter : *to float*; (fam. = pleuvoir) *to rain*; (brume) *to drift*; (parfum) *to hang*; (drapeau) *to flutter,* (en claquant) *to flap,* (être déployé) *to fly*; (sourire) *to hover*; (cheveux) *to stream*; (hésiter) *to waver, to hesitate*; (taux) *to fluctuate.*

    elle/il flotte dans ses vêtements : *her/his clothes are too loose/ big for her/him.*
    faire flotter quelque chose : *to float something.*
    faire flotter une monnaie : *to float a currency.*
    flotter du bois : *to float logs.*

flottille : *flotilla*; (aéronavale) *squadron.*

flux : *flow*; (scientifique) *flux*; (grand nombre) *flood*; *spate*; (financier) *flow*; (influx) *flux.*

    flux de capitaux : *capital flow.*
    flux et reflux : *ebb and flow.*
    flux menstruel : *menstrual flow.*

travailler à flux tendu : *to operate at full capacity*; (approvisionnement) *to apply just in time methods.*

fond : *bottom*; (pièce, etc.) *back, far end*; (arrière-plan) *background.*

    à fond de cale : *down in the hold.*
    argument de fond : *basic argument*; *fundamental argument.*
    au fin fond de : *at the far end of.*
    au fond (= après tout) : *after all.*
    au fond de (cœur, etc.) : *deep in..., deep down in...*
    au fond de la province : *in the depths/heart of the country*; (péj.) *in the boondocks.*
    au fond de son cœur : *deep down/deep in her/his heart/in her/ his heart of hearts.*
    de fond : *basic, fundamental.*
    de fond en comble : *utterly*; *inside out.*
    du fond des âges : *age-old.*

du fond du cœur : *from the bottom of one's heart.*

envoyer par le fond : *to sink, to send to the bottom.*

haut(s)-fond(s) : *shallow(s), shallow waters.*

il faut aller au fond de cette affaire : *we must go to the bottom/the roots of this business.*

le fond de l'affaire : *the bottom of the matter, the crux of the matter.*

le fond de ma pensée : *the gist of my thinking; the main point of my thinking.*

le fond et la forme : *the matter and the manner; content and form.*

les fonds marins : *the sea/ocean bed.*

les grands fonds : *the ocean depths/deeps; the deep, deep waters.*

problème de fond : *basic problem.*

quel est le fond : *how deep is it?/what is the depth?*

sans fond : *bottomless.*

toucher le fond : *to hit bottom/rock-bottom.*

un fond de vérité : *an element of truth.*

valise à double fond : *false bottom suitcase.*

fortune : (= voile de fortune) ***cross-jack*** (foresail).

dispositif de fortune : *makeshift device.*

fortune de mer : *perils of the sea, sea-risks, accidents at sea.*

mât, gouvernail, gréement de fortune : *jury mast/rudder/ rigging.*

réparation de fortune : *emergency repair.*

fret : *freight; cargo.*

fret aérien : *air-freight.*

fret de retour : *return freight.*

G

galère : *galley*; (fam. difficulté) ***tight spot, pickle, jam, drag, pain.***

  c'est la galère : *it's really tough, it's a bad trip, it's hell, it's rotten...*
  des années de galère : *difficult years, years of hardship.*
  nous sommes tous dans la même galère : *we are all in the same boat.*
  qu'est-il allé faire dans cette galère? : *why did he get involved in that business?*
  un plan galère : *a terrible idea, a crappy scheme.*
  une journée galère : *a nightmare of a day.*

galérer : ***to have a hard/tough time of it, to slog away, to sweat it out, to work one's arse off, to sweat blood.***

  j'ai dû drôlement galérer avant de réussir : *I had to struggle a lot before succeeding.*

galérien : *galley slave*; (= bagnard) ***convict.***

  travailler comme un galérien : *to work like a slave.*
  une vie de galérien : *a slave's life/existence.*

galion : *galleon.*

garde-côte(s) : (pers.) *coast-guard*; (navire) *coast-guard ship.*

gîte : *list.*

  avoir, prendre de la gîte : *to have/take a list, to list, to be listing, to lean over to one side.*
  gîte à bâbord : *list to port.*

gîter : ***to list.***

glace : *ice*; (confiserie) *ice cream*; (miroir) **mirror**; **glass**; (de voiture) **window**.

de glace : (accueil) *icy, frosty*; (expression) *stony, frosty*.
rester de glace : *to remain unmoved*.
rompre la glace : *to break the ice*.
sports de glace : *ice sports*.

glacé(e) : **frozen**; **icy**; **freezing**; **ice-cold**; **frosty, chilly**.

j'ai les mains glacées : *my hands are freezing/frozen* (stiff).
je suis complètement glacé : *I'm chilled to the bone*.
papier glacé : *glazed paper*.
servir glacé : *to be served ice-cold/icy*.

glacer : **to freeze**; **to ice**; **to chill**.

glacé d'horreur : *to freeze with horror*.

glacer le sang de quelqu'un : **to chill someone's blood, to make someone's blood run cold**.

glacer quelqu'un : *to chill someone*.

glacer (se) : **to freeze**.

son sang se glaça dans ses veines : *his/her blood ran cold/froze in her/his veins*.

glaces : **ice sheets, ice fields, ice floes**.

bloqué par les glaces : *blocked with ice/ice floes*.
être pris/bloqué par les glaces : *to be ice-bound*.

glauque : (couleur) **blue-green**; (louche) (individu) **shady, dubious, fishy, disreputable**; (atmosphère) **murky**; **dreary**; (quartier) **shabby**.

goélette : **schooner**.

gondole : *gondola*; (supermarché) *shelf.*
   tête de gondole : *end of aisle*; *end-of-aisle display.*

gouvernable : *governable, manageable.*

gouvernail : *rudder, helm*; (petit bateau) *tiller.*
   tenir le gouvernail : *to be at the helm.*

gouvernance : *governance.*

gouvernants (les) : *the government*; *those in power.*
   les gouvernants et les gouvernés : *the rulers and the citizens.*

gouverne : *steering*; (aviation) *control surface*; *rudders and ailerons.*
   gouverne de profondeur (avion) : *elevator.*
   pour votre gouverne : *for your guidance.*

gouvernement : *government*; *governing.*

gouvernemental : *government, governing, governmental.*

gouverner : (bateau) *to steer*; (pol., etc.) *to govern, to rule, to control.*

gouverneur : *governor.*

grappin : (de bateau) *grapnel*; (de grue) *grab*; *drag* .
   il/elle lui a mis le grappin dessus : *he/she has manageed to hook her/him.*
   mettre le grappin sur : *to get one's claws into/on.*
   mettre le grappin sur quelqu'un : *to grab/collar someone.*
   mettre le grappin sur quelque chose : *to get one's hands on.*
   se faire mettre le grappin (dessus) : *to be hooked.*

gréement : *rigging*.

    vieux gréements : *old sailing ships*; (voiliers de haut bord) *tall ships*.

gréer : *to rig*.

    bien gréé : (fam. = doté de gros organes sexuels) : *well-furnished/equipped*.

grève : *strand, shore, beach*.

H

halage : (remorquage) *towing*; *hauling*.

    chemin de halage : *towpath*.

haler : (remorquer) *to tow*; *to haul*.

harpon : *harpoon*.

    fusil à harpon : *harpoon gun*.

harponner : *to harpoon*; (quelqu'un) *to nab, to collar*.

    je me suis fait harponner par cet idiot : *I got button-holed by that fool*.

hauban : (de mât) *shroud*; (de pont) *stay*.

    pont à haubans : *cable-stayed bridge*.

hauts-fonds : *shallows*.

havre : *haven*; (small) *port*; (fig.) *refuge, shelter*; (= crique) *cove*.

    havre de paix : *haven of peace, peace haven*.

hélice : *propeller*; (architecture) *helix*.
   escalier en hélice : *spiral staircase*.

héliport : *heliport*.

hors-bord : (bateau) *speedboat*; (moteur) *outboard motor*.

houle : *swell*; *surge*.
   forte houle : *heavy swell*.

houleux/houleuse : *swelling, rough, surging, heavy, angry*;
(réunion) *stormy*; (foule) *surging, tumultuous, unruly*.

hublot : *porthole*; (avion, machine à laver, etc.) *window*;
hublots (fam. = lunettes) : *glasses, specs, goggles*.

I

iceberg : *iceberg*.
   la partie immergée/cachée de l'iceberg : *the invisible part of
      the iceberg*, (fig.) *the hidden side of the problem*.
   la partie visible de l'iceberg : *the tip of the iceberg, the visible
      part of the iceberg*.

îlot : *islet*; *small island*; (groupe d'habitations) *small
housing block, small block of flats*.
   îlot de résistance : *pocket of resistance*.
   îlot de verdure : *oasis/island of greenery*.
   îlot directionnel : *traffic island*.
   îlot insalubre : *insanitary housing block*.

ilotage : *community policing*.

îlotier : *community policeman/policewoman*.

immergé(e) : (rochers) *submerged*; *underwater*; (plantes) *immerged*; (dans préoccupations, etc.) *engrossed, immersed*; (économie) *black, underground*.

> **la partie immergée de l'iceberg** : *the invisible part of the iceberg.*

immerger : *to immerse*; *to submerge*; (câble sous-marin) *to lay under water*; (déchets) *to dump at sea/into the sea, to dispose of at sea*; (corps) *to bury at sea*.

immerger (s') : (sous-marin) *to dive*; (dans une tâche, etc.) *to immerse oneself (in)*.

immersion : *immersion, submersion*; (déchets) *dumping/ disposal at sea*; (sous-marin) *diving*.

> **baptême par immersion** : *baptism by immersion.*
> **immersion dans un milieu** : *exposure to an environment.*
> **immersion linguistique** : *immersing in the language, linguistic immersion.*

ingouvernable : (navire) *uncontrollable, unmanageable, that cannot be steered*; (population) *ungovernable*; *unruly*.

insubmersible : *unsinkable, insubmersible*.

J

jetée : *jetty*.

> **jetée flottante** : *floating bridge.*

jeter : *to throw*.

> **jeter à l'eau** : *to throw into the water*; (depuis un bateau) *to throw overboard*.
> **jeter l'ancre** : *to cast/drop anchor.*
> **jeter la passerelle** : *to set up the gangway.*

jeter par-dessus bord : *to throw overboard*; (pour alléger un navire) *to jettison.*

se jeter à l'eau : *to plunge into the water*; (fig.) *to take the plunge.*

être jeté à la côte (navire) : *to be driven to the coast.*

K

kayak : *kayak, canoe.*

   faire du kayak : *to go canoeing.*

kayakiste : *kayaker, canoeist.*

kitesurf : *kitesurfing.*

L

lame : *wave*; (poétique) *billow.*

   lame de fond : *ground swell*; (= raz de marée) *tidal wave.*

   lame de fond électorale : *election landslide.*

   lame qui déferle/se brise : *breaking wave(s).*

   le creux de la/des lame(s) : *the trough of the waves.*

large (le) : *the open sea; the offing.*

   au large : *in the offing.*

   au large de (port, etc.) : *off.*

   au large de la côte : *off the coast.*

   gagner le large : *to head for/reach for the open sea.*

   l'appel du large : *the call of the sea.*

   le grand large : *the high seas.*

   le vent du large : *the sea breeze.*

   navigation au large : *open sea/high-seas navigation.*

   passer au large d'un navire : *to give a ship a wide berth.*

   passer au large de (personne, etc.) : *to give someone/something a wide berth.*

prendre le large (fig.) : *to clear off, to make off; to escape.*
se tenir au large de (fig.) : *to stay clear of.*
tirer au large : *to stand out to sea.*
trop au large : *too far from the coast/shore.*

larguer : (cordage) ***to loose, to release***; (voile) ***to unfurl, to let out.***

larguer les amarres : *to cast off, to slip*; (parachutiste, bombe, etc.) *to drop*; (satellite) *to release*; (objet) *to get rid of, to dump*; (personne) *to ditch*; (sports = distancer) *to leave far behind.*
elle/il a largué son boulot : *she/he quit her/his job.*
il a fallu larguer une partie de la cargaison : *part of the cargo had to be jettisoned.*
larguer les amarres (fig. = s'en aller) : *to go away, to push off, to raise anchor.*
se faire larguer (= laisser tomber) : *to be dumped.*
se sentir largué : *to be all at sea.*

long-courrier : (nav.) ***ocean-going ship, ocean liner***; (avion) ***long range/long distance aircraft***; (vol) ***long haul, long-haul flight.***

long cours (au) : ***ocean, deep sea; seagoing, ocean-going.***

capitaine au long cours : *sea captain, master mariner.*
voyage au long cours : *sea/ocean voyage.*

loup de mer : **(old)** ***sea-dog, old salt***; ***jack tar.***

louvoyer : ***to tack***; (fig. = tergiverser) ***to hedge, to dither, to shilly-shally.***

louvoyer au plus près : *to beat to windward.*
louvoyer entre les écueils : *to steer betwen the reefs*; (fig.) *to tread a delicate path.*

M

machines (salles des) : *engine room*.

machine arrière (faire) : *to go astern*; *to reverse the engine*; (fig.) *to back-pedal*.

marée : *tide*; (poissons) (fresh) *sea fish*; *seafood*.

    changement de marée : *turning of the tide*.
    contre vents et marées : *against wind and tide*; (fig.) *in spite of everything, against all odds, despite all obstacles, in spite of all opposition*.
    grande marée : *spring tide*.
    marée basse (à) : *(at) low tide/water*.
    marée descendante : *falling tide, ebb tide*.
    marée haute (à) : *(at) high tide/water*.
    marée humaine : *flood of people*.
    marée montante : *rising tide, flow tide*.
    marée montante et descendante (la) : *(the) ebb and flow*.
    marée noire : *oil slick*.
    petite marée : *neap tide*.
    sa sent la marée : *it smells of the sea*.

marie-salope : 1. (chaland destiné à transporter en haute mer les produits de dragage, mot apparu en 1777) **mud dredger, mud barge, hopper barge**; 2. (apparu en 1831, femme malpropre et de mauvaises mœurs) **slut**.

marin (n.) : **sailor**.

    marin d'eau douce : *landlubber*.
    marin pêcheur : *fisherman*.
    peuple de marins : *seafaring people*.
    se faire marin : *to go to sea*.
    simple marin : *ordinary seaman*.

marin(e) (adj.) : *sea, maritime*; (plantes/faune) *marine.*

  avoir le pied marin : *to have sea legs, to have found one's sea legs.*
  béret marin : *sailor's hat/cap.*
  carte marine : *sea chart.*
  fusilier marin : *marine.*
  jersey marin : *sailor's jersey.*
  mille marin : *nautical mile.*

marine (n.) : *navy.*

  marine à voile : *sailing ships.*
  marine de guerre (la) : *the navy, the naval forces.*
  marine marchande : *merchant navy/service/marine.*
  officier de marine : *naval officer.*
  terme de marine : *nautical term.*

marina : *marina.*

marinade : *marinade.*

mariner : *to marinade/marinate; to pickle* (fam. = attendre) *to hang about; to stew; to kick one's heels.*

  faire mariner : *to marinade/marinate;* (fig.) *to keep waiting; to let someone stew.*

marinier : *bargee.*

marinière : (vêtement) *smock.*

  moules marinières : *mussels cooked in their own juice, wine and shallots.*

maritime : *maritime, sea, seaboard, seaside, coastal.*

  arsenal maritime : *naval dockyard.*
  assurance maritime : *marine insurance.*
  gare maritime : *harbour/*(US) *harbor station.*

pin maritime : *maritime pine.*
port maritime : *seaport.*
puissance maritime : *sea/maritime power.*

mât : ***mast,*** (sens large) ***post, pole***; (de drapeau) ***flagpole***; (jeu) ***climbing pole.***

grand mât : *main mast/mainmast.*
mât d'artimon : *mizzenmast.*
mât de charge : *derrick.*
mât de cocagne : *greasy pole.*
mât de misaine : *foremast.*
trois-mâts : *three-master.*

matelot : ***sailor, seaman***; (grade) ***ordinary seaman.***

matelot breveté : *able seaman.*
matelot d'arrière : *ship astern.*
matelot d'avant (dans une file de navire) : *ship ahead .*
matelot de deuxième classe : *able seaman.*
matelot de première classe : *leading seaman.*
matelot de troisième classe : *ordinary seaman.*

matelote : ***matelote, stew.***

mâter : ***to mast.***

mer : ***sea***; (= marée) ***tide***; (bord de la mer) ***seaside.***

aller à la mer : *to go to the seaside.*
araignée de mer : *spider crab.*
avoir le mal de mer : *to be seasick.*
basse mer : *low tide.*
bateau qui tient bien la mer : *good sea-going boat, seaworthy boat.*
bien tenir la mer : *to be seaworthy.*
bras de mer : *sound, arm/stretch of the sea.*
c'est la basse mer : *it is low tide, the tide is low.*

c'est la haute/pleine mer : *it is high tide, the tide is high.*

c'était une mer d'huile : *the sea was as calm as a millpond/as smooth as glass.*

ce n'est pas la mer à boire : *it's no big deal, it's not that tough; it won't kill you.*

coup de mer : *heavy swell/seas.*

éléphant de mer : *sea elephant, elephant seal.*

elle/il a voyagé sur toutes les mers : *she/he has sailed on the seven seas.*

en haute/pleine mer : *out at sea, on the open sea, on the high seas.*

en mer : *at sea.*

étoile de mer : *starfish.*

être emporté par la mer : *to go/to be swept overboard.*

fruits de mer : *seafood.*

gens de mer : *sailors, seafarers, seafaring men/people.*

grosse mer : *heavy sea.*

la mer est basse : *the tide is low/out.*

la mer est haute : *the tide is high/in.*

la mer monte/descend : *the tide is rising/falling.*

mal de mer : *seasickness.*

mer agitée : *rough sea.*

mer calme : *calm sea.*

mer d'huile : *glassy sea.*

mer de glace : *glacier.*

mer de sable : *sea of sand, vast expanse of sand, ocean of sand.*

mer dure/mauvaise : *rough sea.*

mer étale : *slack sea, smooth sea.*

mer fermée : *landlocked sea.*

mer haute : *high tide.*

mer intérieure : *inland sea.*

mer peu agitée : *moderate sea.*

mettre une embarcation à la mer : *to launch a boat; to lower a boat.*

navire de haute mer : *sea-going ship.*

passer ses vacances à la mer : *to holiday /spend one's holiday at the seaside.*

port de mer : *sea harbour/*(US) *harbor; seaport.*

prendre la mer : *to put out to sea; to set sail.*

tomber à la mer : *to fall into the sea; to fall overboard.*

un homme à la mer! : *man overboard!*

une lame l'a jeté à la mer : *a wave swept him overboard.*

une mer de béton : *a vast expense of concrete, a sea/an ocean of concrete.*

vent de mer : *sea breeze.*

voyager par mer : *to travel by sea.*

voyage sur mer : *sea journey.*

mouillage : *mooring, anchoring; anchorage, moorage* (ancre) *casting;* (mine) *laying.*

changer de mouillage : *to change one's berth.*

droits de mouillage : *mooring dues/rights, berthage, keelage.*

être au mouillage : *to ride at anchor.*

poste de mouillage : *anchoring berth.*

mouiller : *to lie/be/ride at anchor;* (ancre) *to cast/drop;* (mine) *to lay;* (bouée) *to put down.*

mouiller un vaisseau : *to moor a ship, to bring a ship to anchor.*

moussaillon : *ship's boy;* (fam.) *little boy.*

ho moussaillon! Hey (my) boy!

mousse : *ship's boy.*

moutons : (vagues) *white caps, white horses.*

moutonnante (mer) : *sea covered with/showing white caps, white horses.*

moutonner : *to froth, to break into/to show white caps/horses.*

mutin : *mutineer*; (sens large) **rebel.**

mutiner (se) : *to mutiny*; (sens large) **to rebel, to revolt.**

mutinerie : *mutiny*; (sens large) **rebellion, revolt.**

N

nage : 1. *swimming*; 2. *rowing.*
   banc de nage : *thwart.*
   chef de nage : *coxswain, cox.*
   nage indienne : *sidestroke.*
   nage libre : *freestyle.*

nage sur le dos : *backstroke.*

nager : *to swim.*
   il nage dans son pantalon : *his trousers are too large/wide for him.*
   je nage complètement : *I'm completely at sea, I haven't (got) a clue, I'm completely lost.*
   nager comme un fer à repasser : *to swim like a brick.*
   nager comme un poisson : *to swim like a fish.*
   nager dans l'opulence : *to be rolling in money.*
   nager dans la joie : *to be overjoyed.*
   nager dans ses vêtements : *to be lost in one's clothes.*
   nager entre deux eaux : *to swim underwater.*
   savoir nager : *to know what's what, to know how to look after oneself.*

nageur/nageuse : *swimmer.*
   nageur/nageuse de combat : *naval frogman.*

nasse : *fish trap*; (anguille, homard) *eel/lobster pot.*

    être pris/tomber dans la nasse : *to fall into a trap, to be cornered.*

naufrage : *shipwreck, wreck*; (= désastre) *ruin, ruination, disaster, collapse.*

    faire naufrage : *to be wrecked*; (pers.) *to be shipwrecked*; (entreprise) *to collapse, to fail, to go under.*
    sauver du naufrage : (pers.) *to save from disaster*; (objet) *to salvage*; (société) *to bail out.*

naufragé(e) (n.) : *shipwrecked person*; (sur une île) *castaway.*

naufragé(e) (adj.) : (navire) *wrecked*; (pers.) *shipwrecked.*

naufrageur : *wrecker.*

nautique : *nautical.*

    fête nautique : *water festival.*
    mille nautique : *nautical mile* (1 853 m).
    salon nautique : *boat show.*
    ski nautique : *water-skiing.*
    sports nautiques : *water sports.*
    terme nautique : *nautical term.*

nautisme : *water sport(s).*

naval(e) : *naval.*

    base navale : *naval base.*
    bataille navale : *naval battle.*
    chantier naval : *shipyard, shipbuilding yard.*
    combat naval : *naval war fare.*
    construction navale : *naval architecture.*
    école navale : *naval college.*

force navale : *naval strength*; *naval force(s)*.
industrie navale : *shipbuilding industry*.

navette : *shuttle, shuttle service*.

faire la navette : *to shuttle*; (bateau) *to ply*; (véhicule) *to operate a shuttle service*; (voyageur) *to commute*; (aller et venir) *to come and go*.

navette aérienne : *air shuttle*.
navette spatiale : *space shuttle*.
navettes diplomatiques : *shuttle diplomacy*.

navigabilité : (navire) *seaworthiness*; (avion) *airworthiness*; (rivière) *navigability*.

navigable : *navigable*.

navigant(e) :

le personnel navigant : *the sea-going personnel*; (avion) *the flying personnel*.

navigateur : *navigator, sailor*; (auto) *navigator*.
navigateur solitaire : *single-handed sailor*.

navigation : *navigation*; *sailing*; *shipping*.

appareils de navigation : *navigational instruments*.
compagnie de navigation : *shipping company*.
dangereux pour la navigation : *dangerous to shipping*.
logiciel de navigation : *browser*.
navigation aérienne : *aerial/air navigation*; *air traffic*.
navigation au long cours : *high-seas navigation*.
navigation côtière : *coastal navigation*.
navigation de plaisance : *pleasure sailing*.
navigation intérieure : *inland navigation*
navigation spatiale : *space navigation*.

navigation sur Internet : *Internet browsing.*
navigation à voile : *sailing*; *yachting.*
terme de navigation : *nautical term.*

naviguer : *to sail*; *to navigate.*

avoir beaucoup navigué (= avoir roulé sa bosse) : *to have been around a lot, to have knocked about quite a bit.*
en état de naviguer : *seaworthy.*
naviguer à l'estime : *to navigate by dead reckoning*; (fig.) *to play it by ear.*
naviguer à une altitude de (avion) : *to fly at an altitude of.*
naviguer au compas : *to navigate by (the) compass.*
naviguer aux instruments : *to navigate by instruments.*
naviguer de ci de là, entre ceci et cela : *to move about from place to place, to shuttle around, to shift between...*
naviguer entre les écueils : *to steer between the reefs*; (fig.) *to tread a delicate path.*
naviguer près de la terre : *to hug the land.*
naviguer sur Internet : *to browse/to surf on the Internet.*
savoir naviguer (= savoir se débrouiller) : *to know how to get around, to know the ropes.*

naviplane : *hovercraft.*

navire : *ship, vessel.*

navire à vapeur : *steamer.*
navire à voiles : *sailing ship.*
navire amiral : *flagship.*
navire de combat : *battleship.*
navire de guerre : *warship.*
navire jumeau : *sister ship.*
navire marchand/de commerce : *merchant vessel, merchant ship, merchantman.*
navire poubelle : *coffin ship.*
navire-citerne : *tanker.*
navire-hôpital : *hospital ship.*

navire-usine : *factory ship.*

nef : (poétique = navire) ***ship***; (d'église) ***nave.***
nef latérale : *aisle.*

négrier : (navire) ***slave-ship***; (personne) ***slave-trader***; (fig.)
slave-driver.

nolisement : ***chartering, freighting.***
acte de nolisement : *charter-party.*

noliser : ***to charter, to freight, to charter and load.***

noliseur : ***charterer, freighter.***

noyade : ***drowning***; (hist.) ***executing by drowning.***

noyer : ***to drown***; (navire) ***to scuttle, to sink***; (terre) ***to
inundate, to flood, to swamp***; (cuisine) ***to water down.***
être noyé (= perdu, ne pas comprendre) : *to be lost, to be at a
    loss, to be confused.*
je m'y noie : *it confuses me; I can't make sense out of it.*
noyé dans la foule : *lost in the crowd.*
noyer (se) : *to drown.*
noyer dans la masse : *to lump together.*
noyer dans la masse (architecture) : *embedded*; (= peu visible)
    unnoticed; blurred; buried.
noyer le poisson : *to evade the issue, to duck/sidestep the
    question.*
noyer son chagrin : *to drown one's sorrow(s).*
noyer sous une masse de détails : *to swamp with a mare of
    details.*
qui veut noyer son chien l'accuse de la rage : *give a dog a bad
    name and hang/kill him.*
se noyer dans la foule : *to disappear in the crowd; to mingle*

with the crowd.

se noyer dans les détails : *to get/become bogged down/tangled up in details.*

se noyer dans un verre d'eau : *to make a mountain out of a molehill* (molehill = **taupinière**).

yeux noyés de larmes : *eyes brimming with tears/suffused with tears/swimming with tears.*

O

océan : *ocean; sea.*

un océan de verdure : *a sea of greenery*; (= une grande surface) *a vast expanse.*

odyssée : *odyssey.*

L'*Odyssée* : *the Odyssey*; (= errance) *wanderings*; (= histoire tragique) *tale of woes.*

œuvres vives : *quick works, vitals.*

navire atteint dans ses œuvres vives : *ship hit in its/her vitals.*

onde : (lit.) *wave, billow*; *water, tide*; *waters, sea, main*; (physique) *wave.*

au bord d'une onde limpide : *on the banks of a limpid stream.*

grandes ondes : *long waves.*

longueur d'onde : *wavelength.*

metteur en ondes : (radio) *producer.*

mettre en ondes : *to produce on the radio.*

onde de choc : *shock wave.*

ondes courtes : *short waves.*

ondes moyennes : *medium waves.*

passer sur les ondes : *to go on the air.*

sur la terre et sur l'onde : *on land and water.*

sur les ondes : *on the radio.*

ondée : *shower.*

ondoyer : *to ripple, to undulate*; (drapeau) *to ripple, to wave.*

ondulation : *undulation, wave, ripple.*

onduler : *to undulate, to wave, to ripple*; (cheveux) *to wave; to be wavy.*

    tôle ondulée : *corrugated iron.*

ouragan : *hurricane.*

    entrer/sortir comme un ouragan : *to burst/storm in/into* (a room, etc.).
    ouragan politique : *political storm/uproar*; (fig.) *whirlwind, tornado.*

outremer : (couleur) ***ultramarine.***

    outre-mer : *overseas.*
    territoire d'outre-mer : *overseas territories.*

P

panne : (pièce latérale d'une vergue, d'où l'expression « mettre en panne » pour un navire, c'est-à-dire l'arrêter en orientant les vergues. C'est de ce mot que dérivent les sens et expressions cités ci-dessous).

    être/tomber en panne de : *to be/run short of, to be out of.*
    être en panne : *to have a breakdown, to have broken down.*
    être en panne (devant une difficulté) : *to be stuck/stumped.*
    mettre un navire en panne : *to heave to, to bring to, to bring a ship to rest.*
    panne (mécanique) : *breakdown.*
    panne d'oreiller : *oversleep.*
    panne de courant/d'électricité : *power failure.*

panne de mémoire : *lapse of memory, blank.*
panne de moteur : *engine failure.*
panne sexuelle : *inability to perform (the sexual act)/to deliver.*
tomber en panne : *to break down, to have a breakdown.*
tomber en panne sèche : *to run out of petrol/(*us*) gas.*

passage : (traversée) ***crossing, journey;*** (fig.) ***period.***

passage de la ligne : *crossing of the line.*

passe : ***pass, channel.***

en passe d'extinction/de disparition : *dying out, on the way to extinction.*
être dans/traverser une mauvaise passe : *to go through a bad patch.*
être dans une bonne passe : *to be doing well.*
être en passe de : *to be about to.*

pavillon : ***flag.***

amener/baisser le pavillon : *to lower/strike one's flag.*
arborer/montrer un pavillon : *to display/show one's colours/ (*us*) colors.*
baisser pavillon devant quelqu'un : *to give in/yield/to show the white flag to someone.*
battre pavillon : *to fly a flag.*
hisser/envoyer le pavillon : *to hoist/raise one's flag/colours/ (*us*) colors.*
le pavillon couvre la marchandise : *the flag covers the cargo.*
naviguer sous pavillon français : *to sail under the French flag.*
pavillon à tête de mort : *skull and bones.*
pavillon de complaisance : *convenience flag.*
pavillon de détresse : *distress flag.*
pavillon de quarantaine : *yellow flag.*
pavillon noir : *Jolly Roger.*

pêche : *fishing*; (en rivière) **angling**.

    aller à la pêche : *to go fishing*.

    aller à la pêche (fig.) : *to go off in search of something*; (fam.) *to be on the sniff*.

    aller à la pêche aux voix : *to go vote-catching*; *to canvas*.

    barque/bateau de pêche : *fishing boat/fishing smack*.

    canne à pêche : *fishing rod*.

    faire bonne pêche : *to land a good catch*; (en mer) *to get a good haul*.

    faire une belle pêche : *to have/make/land a good catch*.

    la pêche miraculeuse : *the miraculous draught of fishes*.

    pêche à la cuiller : *trolling, spinning*.

    pêche à la ligne : *line fishing*.

    pêche à la mouche : *fly-fishing*.

    pêche à la truite : *trout fishing*.

    pêche au gros : *big game fishing*.

    pêche aux coquillages/moules : *shellfish/mussels gathering*.

    pêche au chalut : *trawling*.

pêcher : *to fish, to go fishing*; (au chalut) *to trawl*; (des moules, etc.) *to gather*.

    où as-tu pêché ça ? : *where did you dig that up ?, where did you get that idea from ?, where did you pull that one from ?*

    pêcher à la ligne : *to fish with rod and line, to go angling*.

    pêcher en eau trouble : *to fish in troubled waters*.

pêcherie : *fishery*.

pêcheur : *fisherman*; (rivière) **angler**.

    pêcheur de perles : *pearl diver*.

phare : *lighthouse*; (voiture) **headlight, headlamp**; (fig.) **guiding light, leading light**; (événement) **main event**.

    épreuve phare : *main event, highlight*.

    pleins phares : *on full beam, full on*.

    produit phare : *flagship product*.

pilotage : *piloting*; (avion) *piloting, flying*; (voiture) *driving*.

école de pilotage (avion) : *flying school*.
erreur de pilotage : *pilot error*.
pilotage automatique : *automatic piloting/pilot*.
poste de pilotage : *(avion) cockpit*.

pilote : *pilot*, (voiture) *driver*; (guide) *guide*.

ferme pilote : *experimental farm*.
pilote automatique : *automatic pilot*.
pilote automobile : *race/racing driver*.
pilote d'essai : *test pilot*.
pilote de chasse : *fighter pilot*.
pilote de course : *race/racing driver*.
pilote de ligne : *airline pilot*.
poisson pilote : *pilotfish*.
produit pilote : *best seller, pilot product, flagship product*.
projet pilote : *pilot project/scheme*.

piloter : *to pilot*; (avion) *to pilot, to fly*; (voiture) *to drive*; (une entreprise) *to run, to manage*; (= guider) *to guide, to show around*.

piratage : *piracy, pirating*; (inform.) *hacking*.

pirate : *pirate*; (escroc) *swindler*; (fam.) *rascal*; (inform.) *hacker*.

emission pirate : *pirate broadcast/programme/(us) program*.
pirate de l'air : *hijacker, skyjacker*.
pirate de la route : *hijacker, carjacker*.

pirater : *to pirate*; (info.) *to hack*.

piraterie : *piracy*; (fig.) *swindle, swindling*; (de marque) *forgery*; (aérienne) *highjacking, skyjacking*; (de copyright) *infringement*.

c'est de la piraterie ! *it's a rip-off!*

plage : *beach*; (ville) *seaside resort*; (= surface) : *band, area, streak*; (dans un barème) *range, bracket*; (de disque) *track*.

plage arrière (bateau) : *quarter-deck*.
plage arrière (voiture) : *back shelf*.
plage avant (bateau) : *forecastle, fo'c'sle*.
plage de galets : *pebble beach*.
plage de sable : *sand beach*.
plage horaire : *time slot*.
plage publicitaire : *commercial break, commercials*.
sac de plage : *beach bag*.
serviette de plage : *beach towel*.

plagiste : *beach manager/attendant/supervisor*.

plaisance (de) : *pleasure*.

bateau de plaisance : *pleasure boat*.
navigation de plaisance : *boating*; *sailing*; *yachting*.
port de plaisance : *sailing resort*; *marina*.

plaisancier : *amateur sailor, yachtsman*.

plongée : *dive*; *diving*; (= chute rapide) *nose dive*; (cinéma) : *high angle shot*.

faire de la plongée : *to go diving*.
faire une plongée dans le passé : *to delve into the past*.
faire une plongée sur... : *to swoop down on...*
plongée sous-marine : *skin diving, scuba diving*.

plonger : *to dive; to make a dive;* (route) *to plunge, to dip;* (avion) : *to dive, to take a nose-dive, to plummet;* (= faire de la prison) : *to get busted.*

    être plongé dans ses pensées/réflexions : *to be deep in thought.*
    être plongé dans le sommeil : *to be sound asleep.*
    être plongé dans un livre : *to be buried/immersed in a book.*
    être plongé dans le vice : *to be steeped in vice.*
    plonger dans l'alcool : *to turn to drink.*
    plonger dans l'embarras : *to put in a difficult position, to embarrass.*
    plonger dans la dépression : *to sink into (a) depression/to have a nervous breakdown.*
    plonger dans le sommeil : *to fall into sleep.*
    plonger ses mains dans ses poches : *to thrust one's hands into one's pockets.*
    plonger ses racines dans : *to be (deeply) rooted in.*
    plonger son regard dans/sur : *to cast one's eyes at/towards, to plunge one's eyes into.*
    plonger sur sa proie (oiseau) : *to swoop upon/onto its prey.*
    plonger dans (se) : *to plunge into, to immerse oneself in, to bury oneself into, to throw oneself into.*

plongeur : *diver;* (restaurant) *washer-up.*

pont : *deck.*

    pont supérieur : *upper deck.*
    tout le monde sur le pont! *all hands on deck!*

ponton : *pontoon;* (flottant) *landing stage;* (garage) *repair ramp;* (= chaland) *lighter.*

    ponton-grue : *floating crane;* (hist. pour prisonniers) *prison ship.*

pontonnier : *pontoneer.*

port : *harbour,* (us) *harbor; port* (désigne surtout les
organismes administratifs ou la ville) ; (= abri) *shelter, haven.*

 arriver à bon port : *to come safe into port;* (fig) *to get there*
  safely, to arrive safe and sound.
 arriver au port : *to reach (a, the) harbour/*(us) *harbor;* (à quai)
  to dock; (fig.) *to reach one's destination, to get there.*
 droits de port : *port charges, harbo(u)r dues.*
 port artificiel : *artificial harbo(u)r.*
 port d'attache : *port of registry;* (fig.) *home base.*
 port d'escale : *port of call.*
 port de commerce : *commercial port.*
 port de guerre : *naval base, naval port.*
 port de mer : *sea port, seaport.*
 port de pêche : *fishing port/harbo(u)r.*
 port de plaisance : *sailing/yachting resort;* (bassin) *marina.*
 port fluvial : *river port.*
 port franc : *free port.*
 port maritime : *sea port, seaport.*
 quiter le port : *to leave port, to clear the harbo(u)r.*
 un port dans la tempête : *a port in a storm;* (sens sexuel) : *any*
  port in a storm!

porte-avions : *aircraft carrier.*

poupe : *stern, poop.*

 avoir le vent en poupe : (bateau) *to sail/run before the wind;*
  (fig.) *to be in luck, to be in a roll.*
 se trouver en poupe d'un autre vaisseau : *to be astern of*
  another ship.

presqu'île : *peninsula*.

promontoire : *headland, promontory*.

proue : *bow(s), prow*.
  figure de proue : *figurehead*; *key figure*.

Q

quai : (port) *wharf, pier, quay*; (train) *platform*; (le long du fleuve, rivière) *embankment, banks*.
  à quai (marchandises) **à quai** : *ex-quay, x-quay, ex-wharf, x-wharf*.
  accès aux quais (trains) : *to the trains*.
  accoster le long du quai : *to come alongside the quay*.
  amener un vaisseau à quai : *to berth a ship*.
  billet/ticket de quai : *platform ticket*.
  droits de quai : *wharfage, quayage, wharf dues, pier dues*.
  le train est à quai : *the train is in*.
  navire à quai : *ship alongside*.
  quai de chargement : *loading platform*.
  quai de départ/d'arrivée : *departure/arrival platform*.
  rester à quai : **1.** *to be left on the platform/quay*; **2.** (fig.) *to be left behind*.
  sur les quais (d'un fleuve) : *on the banks* (of a river), *the pier/ quay, berthed, at berth*.
  venir à quai (navire) : *to berth, to come alongside*.

quarantaine : *quarantine*.
  mettre en quarantaine : *to quarantine, to put in quarantine*; (= ostraciser, isoler) *to blacklist*, (G.B.) *to send to Coventry*.
  pavillon de quarantaine : *yellow flag, quarantine flag*.
  quarantièmes rugissants (les) : *the Roaring Forties*.

quartier-maître : *leading seaman.*

quille : *keel.*

    la quille en l'air : *bottom up.*

R

rade : *roadstead, roads*; *harbo(u)r*; (fam. = bar) *bar, watering hole.*

    faire la tournée des rades (fam.) : *to go on a pub-crawl.*
    laisser en rade : (pers.) *to leave in the lurch*; *to let down*;
        (projet) *to shelve, to drop.*
    mettre un navire en rade : *to lay in a ship.*
    rester en rade (pers.) : *to be stranded*; *to get ditched/dumped.*
    tomber en rade (véhicule) : *to break down*; *to run out of gas/*
        (G.B.) *petrol.*

radeau : *raft*; (pour bois flotté) : *raft, float* (of logs).

    radeau de fortune : *emergency raft.*
    radeau de sauvetage : *life raft.*
    radeau pneumatique : *inflatable/rescue raft.*

radoub : *refitting.*

    au radoub : *under repair.*
    bassin de radoub : *dry dock, graving dock.*

rafiot : *old tub, old rust bucket.*

rame : *oar.*

    aller à la rame : *to row.*
    bateau à rames : *rowboat, rowing boat.*
    faire force de rames : *to row hard, to ply the oars.*
    ne pas en ficher une rame : *not to do a stroke (of work), not to*
        lift a finger.
    ne pas entraver/piger une rame : *to understand nothing, to*
        understand damn all.

ramer : *to row.* (= travailler dur) : *to slog one's guts out, to sweat blood, to slog away, to slave away*; (= se dépenser en vain) : *to struggle, to get nowhere, to make no headway*; (= ne pas comprendre) *not to have a clue, to be at sea.*

rameur : *rower*; *oarsman.*

raz de marée : *tidal wave*; (fig.) *landslide.*

    raz de marée électoral : *landslide election.*

récif : *reef*; *rock.*

    récif de corail/corallien : *coral reef.*
    s'échouer sur un récif : *to run aground on a reef.*

refluer : (marée) *to ebb*; (liquide) *to flow back, to sweep/wash back*; (foule) *to surge back, to fall back*; (sang) *to rush back*; *to surge*; (fumée, etc.) *to blow back*; (souvenirs) *to rush/flood back.*

    faire refluer : *to push/force back.*

reflux : *ebb, ebbing* (of the tide); (foule) *backward surge*; (médical) *reflux.*

    le flux et le reflux : *the ebb and flow.*

remorque : (véhicule) *trailer*; (câble) *towrope, towline.*

    camion remorque : *tow truck.*
    en remorque (véhicule ou personne) : *on tow.*
    être à la remorque de quelqu'un : *to trail behind s.o.*; *to tag along behind.*
    prendre en remorque : *to tow.*
    se mettre à la remorque de quelqu'un : *to follow in someone's wake.*

remorquer : (bateau, véhicule) *to tow, to tug*; (train) *to pull, to haul, to draw*; (une caravane) *to trail*.

   remorquer (= traîner derrière soi) : *to drag along*.

remorqueur : *tug, tugboat*; (rivière) *towboat*.

remous : *eddy, swirl*; (de bateau) *wash, backwash*.

   causer des remous : *to cause a stir*.
   les remous de la foule : *the milling crowd*.
   remous d'idées : *swirl of ideas*.

renflouage, renflouement : (navire) *refloating*; (entreprise, personne) *bailing out*.

renflouer : (nav.) *to refloat*; (entreprise, personne) *to bail out*.

rivage : *shore, beach, strand, seashore*; (rivière) *bank, side*; *waterside*.

   lointains rivages : *distant shores*.
   pousser un bateau au rivage : *to drive a ship to the shore*; *to run a ship inshore*.

rouleau : *roller*.

rouler : *to roll*.

   tanguer et rouler : *to pitch and roll*.

roulis : *rolling*.

   coup de roulis : *roll*.

route : (itinéraire) *route*; (direction) *course*; (sur terre) *road*.

   faire route vers/sur : *to be bound for*.
   la route des Indes : *the route to India*.

route maritime : *sea route.*
routes aériennes : *air routes.*

S

sabord : *scuttle.*

donner un coup de sabord (fam.) : *to have a looksee.*
mille sabords! : *blistering barnacles!/holy mackerel!*

sabordage, sabordement : *scuttling, scuppering;*
(d'entreprise) *winding up;* (d'un accord) *scuttling.*

saborder : *to scuttle, to scupper;* (entreprise) *to wind up; to fold; to put paid to.*

saborder (se) : *to scuttle/scupper* (one's ship); (candidat) *to write oneself off, to blow one's chances;* (entreprise, etc.) *to wind itself up, to fold.*

sauver : *to save;* (pers.) *to rescue;* (marchandises) *to salvage.*

sauvetage : (pers.) *rescue;* (marchandises) *salvage, salvaging.*

bouée de sauvetage : *life buoy.*
canot de sauvetage : *life boat.*
opération de sauvetage : *rescue/relief operation;*
    (marchandises, etc.) *salvage operation.*
sauvetage d'une entreprise : *rescue/bailing out of a company.*
sauvetage moral : *moral salvation.*
technique de sauvetage : *life-saving technique.*

sauveteur : *rescuer.*

les sauveteurs : *the rescue/relief party.*

second, officier/capitaine en second : *first mate.*

sillage : *wake*; (animal, etc.) *trail.*

  être dans le sillage de quelqu'un : *to follow in someone's footsteps.*

sirène : *siren*; (créature) *mermaid*; (d'usine) *siren, hooter.*

  céder à l'appel des sirènes… : *to be lured by…*
  écouter le chant des sirènes : *to listen to the sirens' song.*
  sirène d'alarme : *alarm siren.*

sombrer : *to sink*; *to go down, to founder*; (entreprise) *to collapse, to go under*; (fortune) *to be swallowed up, to be engulfed.*

  ils virent sombrer leurs espérances : *their hopes were dashed/ruined.*
  sa raison a sombré : *his mind has gone.*
  sombrer dans la délinquance : *to drift into crime.*
  sombrer dans le coma : *to slip/sink into a coma.*
  sombrer dans le désespoir/l'alcool : *to sink into despair/alcohol.*
  sombrer dans le ridicule : *to lay oneself open to ridicule, to become ridiculous*; *to become the laughing stock.*

sondage : (naut.) *sounding*; (médical) *probing*; (d'opinion) *poll, survey.*

  faire un sondage : *to conduct a poll/survey, to take a poll/survey, to carry out a poll/survey, to poll/survey.*
  organisme/institut de sondage : *polling institute.*
  résultats d'un sondage : *findings of a poll.*
  sondage (à la) sortie des urnes : *exit poll.*
  sondage d'opinion : *opinion poll.*
  spécialiste des sondages : *pollster.*

sonder : (naut.) ***to sound***; (méd.) ***to probe***; (opinion) ***to poll, to survey***.

    les sondés : *those polled, the persons surveyed; the respondents; the interviewees.*

    sonder (terrain) : *to drill, to bore;* (sens général) *to search, to investigate, to probe.*

    sonder les intentions de quelqu'un : *to sound someone out.*

sondeur : (naut., etc.) ***sounder***; (d'opinion) ***pollster***.

sous-marin (n.) : ***submarine***.

sous-marin (adj.) : ***underwater; submarine; undersea***.

    plongée sous-marine : *skin diving, scuba diving.*

    plongeur sous-marin : *diver,* (sans scaphandrier) *skin diver.*

sous-marinier : ***submariner***.

submerger : ***to submerge, to flood***.

    être submergé d'appels téléphoniques : *to be snowed under/ swamped/inundated/flooded with calls.*

    être submergé de travail : *to be up to one's eyes/ears in work, to be overworked.*

    la police a été submergée d'appels téléphoniques : *the police was inundated/flooded with calls.*

    les gares sont submergées de voyageurs : *the stations are overflowing with travellers/*(us) *travelers.*

    obstacle submergé : *snag.*

    récif submergé : *submerged reef.*

submersible (n.) : ***submersible***.

submersible (adj.) : ***submersible; sinkable;*** (terrain) ***easily flooded;*** (plante) ***submerged***.

surface : *surface*.

   faire surface : *to resurface*; *to reappear*; *to re-emerge*.
   navire de surface : *surface vessel*.

surfer : *to surf*.

   surfer sur Internet : *to surf on the Internet*.
   surfer sur la vague de protestations : *to cash in on the wave of protests*.
   surfer sur le succès de l'Internet : *to jump on the Internet bandwagon*.
   surfer sur une vague de popularité : *to ride (on) a wave of popularity*.

T

tangage : *pitch, pitching*.

tanguer : *to pitch*; (sens large) *to reel, to spin*; (tituber) *to stagger, to sway, to reel*.

   tanguer et rouler : *to pitch and roll*.

tempête : *storm, gale*; (lit.) *tempest*.

   battu par la tempête : *storm-beaten*; (bateau) *tossed by the storm*.
   déchaîner une tempête : *to raise a storm*.
   essuyer une tempête : *to weather a storm*.
   lampe-tempête : *storm lantern, hurricane lamp*.
   le vent souffle en tempête : *a gale is blowing*.
   les tempêtes de l'âme : *the turmoil of the soul*.
   qui sème le vent récolte la tempête : « *he who sows the wind reaps the whirlwind* ».
   tempête d'applaudissements : *storm of applause, thunderous applause*.
   tempête d'injures/de protestations : *storm of abuse/protest(s)*.
   tempête de neige : *snowstorm, blizzard*.

tempête de sable : *sandstorm*.
une tempête dans un verre d'eau : *a storm in a teacup*.

tempêter : *to storm, to fume, to rage, to rant and rave*.

tempétueux : *stormy*; (site) *tempestuous*; (époque) *tempestuous, turbulent, stormy*.

temps (gros) : *rough weather*.

timonier : *helmsman*.
« **Le Grand Timonier** » : *"The Great Helmsman"*.

tourmente : *storm, gale*, (lit.) *tempest*; (fig.) *turmoil, upheaval*.
tourmente monétaire : *monetary turmoil/upheaval*.

tourmenter : *to torment, to plague, to harass*; (ennuyer) *to worry, to bother, to trouble*; (torturer) *to torture*.
tourmenter sa moustache : *to tug at one's moustache*.
tourmenté par la souffrance : *racked by pain*.

tourmenter (se) : *to worry (oneself)*; (sens fort) *to distress oneself*.
se tourmenter à propos de : *to worry about, to fret about/over*.

U

unité : (= bateau) *ship*; *unit*.

usine flottante : *floating factory*.

V

vague : *wave*; (grand nombre de) *wave*; *rash, spate.*

    effet de vague : *ripple effect.*

    faire des vagues : *to make waves*; *to cause quite a stir.*

    le pont fut balayé par une vague : *the deck was swept by a wave.*

    ne faites pas de vagues! (fig.) : *don't rock the boat!*

    vague (de tendresse, d'émotion, etc.) : *wave, surge.*

    vague de chaleur : *heatwave.*

    vague de criminalité/d'attentats : *crime wave, wave of criminal attempts.*

    vague de fond : *ground swell*; (sens large) *tidal wave.*

    vague de froid : *cold spell, cold snap.*

    vague de protestations : *wave of protests.*

    vague déferlante : *breaker.*

vaguelette : *wavelet, ripple.*

vaisseau : *vessel, ship*; (anatomie) *vessel*; (réceptacle) *vessel.*

    brûler ses vaisseaux : *to burn one's boats/bridges.*

    capitaine de vaisseau : *ensign, lieutenant.*

    construction de vaisseaux : *shipbuildding.*

    le vaisseau de l'État : *the Ship of State.*

    vaisseau fantôme : *ghost ship.*

    vaisseau à moteurs : *motor ship.*

    vaisseau à roue : *paddle-steamer.*

    vaisseau à vapeur : *steamship.*

    vaisseau amiral : *flagship.*

    vaisseau de guerre : *warship.*

    vaisseau fantôme (le) : *the Flying Dutchman.*

    vaisseau marchand . *merchant ship, merchantman.*

    vaisseau spatial : *spaceship.*

    vaisseau-école : *training-ship.*

vapeur : *steam*; (brume) *mist, haze, vapour/*(us) *vapor*;
(bateau) *steamer, steamship*.

  à toute vapeur : (navire) *full steam ahead*; (fam.) *at full speed*.
  bateau à vapeur : *steamer/steamship*.
  navire sous vapeur : *ship under steam*.
  vapeurs du vin/de pétrole : *fumes of wine/oil*.

vent : *wind*; (= pet) *wind, fart*.

  à l'abri du vent : *sheltered from the wind*; (naut.) *under the
    wind*; *under the lee*.
  aller comme le vent : *to go like the wind*.
  aller dans le sens du vent : *to follow the crowd*.
  aller selon le vent : *to sail according to the wind*; (fig.) *to drift
    with the current*.
  aller vent arrière : *to sail/run before the wind*.
  au vent : *windward*.
  Autant en emporte le vent : *Gone with the wind*.
  aux quatre vents : *exposed to the four winds*.
  avoir bon vent : *to have a fair wind*.
  avoir le vent en poupe : *to be on the (high) road to success, to
    be on a roll*.
  bon vent! : (positif) *good luck*; (naut.) *fair journey*; (négatif)
    clear off, good riddance.
  brasser du vent : *to blow hot air*.
  cheveux/chevelure au vent : *with hair streaming (in the wind)*.
  claquer/flotter au vent : *to flap/flutter in the wind*.
  contre le vent : *against the wind, in the teeth of the wind*.
  contre vents et marées : *in spite of obstacles, against all odds*.
  coup de vent : *gust of wind, squall*; (naut.) *gale*.
  elle/il sait d'où vient le vent : *she/he knows which way the
    wind blows/on which side her/his bread is buttered*.
  endroit exposé au vent : *windy place*.
  entrer/sortir en coup de vent : *to dash in/out*.
  être dans le vent : (idée, etc.) *to be fashionable/trendy/in*;
    (personne) *to be in, to be with it, to be in fashion*.
  être renversé par le vent : *to be blown over/down*.

grand vent, vent fort : *high wind, gale.*

il/elle fait beaucoup de vent : *he is busying about; he is blowing air.*

il fait du vent : *it is windy.*

instrument à vent : *wind instrument.*

jour de grand vent : *gusty/windy day.*

le vent du large : *the sea wind, the sea breeze.*

le vent est à… (fig.) : *there is a general mood of…*

le vent tourne : *the wind is turning.*

les vents (orchestre) : *the winds.*

moulin à vent : *windmill.*

observer d'où vient le vent : *to see which way the wind blows, to see how the land lies.*

prendre le vent : *to test the wind.*

quel bon vent vous amène ? : *what good wind/lucky chance brings you here?*

qui sème le vent récolte la tempête : « *He who sows the wind shall reap the whirlwind* ».

rafale de vent : *gust of wind.*

rapide comme le vent : *swift as/like the wind.*

regarder de quel côté vient/souffle le vent : *to watch which way the wind is blowing.*

sentir le vent du boulet : *to have a narrow escape.*

sentir le vent venir : *to sense what is coming.*

sous le vent : *leeward.*

un vent de panique : *a wave of panic.*

vent alizé : *trade wind.*

vent coulis : *draught/(us) draft.*

vent de mer : *sea-wind, sea-breeze.*

vent frais : *fresh wind; (naut.) strong breeze.*

venté : *windy, windswept.*

venter :

il vente : *the wind is blowing, there is wind, it is windy.*

venteux/venteuse : *windswept, windy.*

ventilateur : *fan*; *ventilator.*
   ventilateur électrique : *fan belt.*

ventilation : *ventilation*; *fanning*; (méd.) *ventilation*; (répartition) *breaking down, breakdown*; *dividing up*; *spreading over*; *apportionment, distribution.*

ventiler : *to air, to fan, to ventilate*; (répartir) *to break down*; *to divide up*; *to spread over.*
   ventiler les résultats d'un sondage : *to break down the findings of a poll.*

vigie : *look-out, watch.*
   poste de vigie : *crow's nest.*
   être en vigie : *to be on watch.*

voilage : *net, netting, net curtain*; *veiling*; *gauze.*

voile : *sail*; (brume) *mist, haze*; (vestimentaire) *veil*; (tissus) *net, netting.*
   avoir du vent dans les voiles : *to be tight, to be three sheets, to the wind.*
   avoir un voile devant les yeux : *to have a mist/a film before one's eyes.*
   bateau à voile : *sailing boat, sailboat.*
   déployer une voile : *to set a sail.*
   être à voile et à vapeur : (pratiques sexuelles) *to be AC/DC* (= alternating/direct current).
   faire de la planche à voile : *to windsurf, to go windsurfing.*
   faire de la voile : *to go sailing.*
   faire du vol à voile : *to go gliding.*
   faire force de voile : *to sail at full speed.*
   faire le tour du monde à voile : *to sail round the world.*

faire voile vers : *to sail towards*; *to be bound for.*

le voile de l'oubli : *the veil of oblivion.*

lever le voile : *to unveil, to lift the veil.*

mettre à la voile : *to set sail, to get under sail, to make way under sail*; *to sail.*

mettre les voiles (fig.) : *to clear off, to hit the road.*

navire à voile : *sail vessel, sailing ship.*

planche à voile : *windsurfing board, sailboard.*

porter le voile : *to wear a/the veil.*

prendre le voile : *to take the veil.*

tirer/jeter un voile sur : *to cast/draw a veil over.*

toutes voiles dehors : *in full sail*; *with full sail on* (fig.) *dressed to kill.*

vaisseau sous voile(s) : *ship under sail.*

voile au poumon : *shadow on the lung.*

voile carrée/latine : *square/lateen sail.*

voile de deuil : *mourning veil.*

voile de fortune : *temporary/emergency sail.*

voile noir : *blackout.*

vol à voile : *gliding.*

voilé(e) : *veiled*; (lumière) *dim*; (contours) *hazy, misty, blurred*; (photo) *flogged*; (voix) *husky*; (roue) *buckled*; (déformé) *warped.*

des yeux voilés de larmes : *eyes blurred/misty with tears.*

sa voix était un peu voilée : *his/her voice was slightly husky/ hoarse.*

une accusation à peine voilée : *a thinly disguised/veiled accusation.*

voilé de brume : *shrouded in mist.*

voiler : *to veil*; (cacher) *to shroud*; *to conceal.*

voiler la vérité à quelqu'un : *to shield someone from the truth, to conceal the truth from someone.*

voiler (se) : (visage) *to veil oneself, to wear a veil*; (ciel, etc.) *to grow lazy, misty, to mist over*; (regard) *to mist over*; (vitreux) *to become glazed*; (voix) *to become husky*; (roue) *to buckle*; (se déformer) *to warp*.

   inutile de se voiler la face : *let's face it.*
   se voiler la face : *to refuse to face/see the truth.*

voilier : *sailing ship; sailing boat, sailboat.*

   grand voilier : *tall ship.*

voilure : *sails.*

   réduire la voilure : *to shorten rail*; (entreprise) *to contract, to reduce one's activities.*

W

waterproof : *water proof.*

waters : *toilet, lavatory*; (fam.) *loo,* (US) *john.*

Y

yole : *skiff.*

Z

zone de pêche : *fishing zone.*

zone maritime : *maritime area.*

POCKET – 12, avenue d'Italie
75627 Paris – Cedex 13

Cet ouvrage a été composé par Peter Vogelpoel et Déclinaisons

Achevé d'imprimer en juillet 2014

Dépôt légal : août 2014
Imprimé en Espagne
S25220/01